D1922594

Michael Sommer

Narren im Purpur

Kaiser Commodus (180–192 n. Chr.). Dargestellt als Herkules mit Löwenfell und Keule. Marmor, 192 n. Chr., Kapitolinische Museen, Rom.

Michael Sommer

Narren im Purpur

Lebensbilder aus der Antike

Die Deutsche Nationalbibliothek verzeichnet diese Publikation
in der Deutschen Nationalbibliografie;
detaillierte bibliografische Daten sind im Internet über
http://dnb.d-nb.de abrufbar.

Das Werk ist in allen seinen Teilen urheberrechtlich geschützt.
Jede Verwertung ist ohne Zustimmung des Verlages unzulässig.
Das gilt insbesondere für Vervielfältigungen,
Übersetzungen, Mikroverfilmungen und die Einspeicherung in
und Verarbeitung durch elektronische Systeme.

© 2012 by WBG (Wissenschaftliche Buchgesellschaft), Darmstadt
Redaktion: Kristine Althöhn, Mainz
Umschlaggestaltung: Peter Lohse, Heppenheim
Umschlagbild: „Nero im Circus". Kolorierter Holzstich nach einem Gemälde
von Wilhelm Otto Peters (1851–1919). Foto: akg-images.
Die Herausgabe des Werkes wurde durch
die Vereinsmitglieder der WBG ermöglicht.
Gedruckt auf säurefreiem und alterungsbeständigem Papier
Printed in Germany

Besuchen Sie uns im Internet: www.wbg-wissenverbindet.de

ISBN 978-3-534-25480-4

Die Buchhandelsausgabe erscheint beim Verlag Philipp von Zabern, Darmstadt/Mainz
Umschlaggestaltung: Katja Holst, Frankfurt am Main
Umschlagbild: Nero, 4. Akt, Szene 4, nach Steeple Davis, J. (1844–1917)/Privatsammlung
© Look and Learn/The Bridgeman Art Library

www.zabern.de

ISBN 978-3-8053-4539-2

Elektronisch sind folgende Ausgaben erhältlich:
eBook (PDF): 978-3-534-73188-6 (für Mitglieder der WBG)
eBook (epub): 978-3-534-73189-3 (für Mitglieder der WBG)
eBook (PDF): 978-3-8053-4570-5 (Buchhandel)
eBook (epub): 978-3-8053-4571-2 (Buchhandel)

Inhalt

Vorwort

Sich mit Geschichte zu beschäftigen diene, so hört und liest man oft, der kollektiven Selbstvergewisserung. „Zukunft braucht Herkunft“ lautet die dazugehörige plakative Aussage. Das mag so sein. Auf jeden Fall schult es unser kritisches Urteilsvermögen, wenn wir uns mit zurückliegenden Situationen und Personen auseinandersetzen – ihre spezifischen Voraussetzungen zu erfassen suchen, die kulturellen, sozialen, politischen und wirtschaftlichen Bedingungen zu unterscheiden lernen, unter den Menschen zu anderen Zeiten handelten. Nicht zuletzt befriedigt die Lektüre historischer Darstellungen unsere Neugier auf versunkene, aber wieder zu entdeckende Welten. Dies alles gilt in besonderem Maße, wenn es sich bei dem Autor um einen ausgewiesenen Kenner seines Fachs handelt, der für den tastenden Geschichtsliebhaber verlässliche Schneisen ins Gestrüpp der wuchernden Fakten und Interpretationen zu schlagen versteht, sodass der Leser am Ende der Lektüre befriedigt feststellen kann, dass er sich einem weiteren Aspekt der unendlichen Menschheitsgeschichte verstehend angenähert hat.

Einer dieser Autoren, deren Texte man immer wieder mit Gewinn liest, ist Michael Sommer. Er breitet sein stupendes Wissen großzügig, aber stets orientierend fokussiert aus. So überträgt sich die Entdeckerfreude des Fachmanns auf den interessierten Leser, dem Sommers erzählerische Qualitäten zugleich ein außergewöhnliches Lesevergnügen bereiten. Denn dieser Autor sieht den Wissenschaftler in der Pflicht, neueste Forschungsergebnisse auch in allgemein verständlicher Form zu präsentieren. Seit vielen Jahren widmet er sich dieser Aufgabe mit nicht versiegendem Enthusiasmus und auf gleichbleibend hohem Niveau. Leselust gepaart mit historischem Erkenntnisgewinn erwartet auch den Leser der vorliegenden Essays.

Dr. Marlene P. Hiller

Einleitung

„Lebensbilder aus der Antike“ – hinter diesem Untertitel verbergen sich 15 kleine Essays, die seit 2004 nach und nach für das Geschichts-Magazin DAMALS entstanden sind und hier, in gesammelter Form und überarbeitet, einem interessierten Publikum zugänglich gemacht werden.[1] Fern von dem Anspruch, eine systematische Einführung in die Antike sein zu wollen, möchte diese Sammlung vor allem neugierig machen: auf eine Epoche, die uns fern und doch so seltsam vertraut ist und die der Klassische Philologe Uvo Hölscher deshalb „das nächste Fremde“ genannt hat; neugierig gerade auch auf die Episoden antiker Geschichte, die nicht im Schulunterricht und selten in populären Medien auftauchen, weil sie abseits des noch immer erstaunlich mächtigen Kanon dessen liegen, was wir als klassisch zu sehen gewohnt sind.

Aufmerksamen Lesern wird ohnehin beim Überfliegen des Inhaltsverzeichnisses kaum entgangen sein, dass die Protagonisten der folgenden Kapitel nicht die großen Gestalten der griechischen und römischen Antike sind: Perikles und Alexander, Caesar und Augustus tauchen, wenn überhaupt, dann nur als Randfiguren auf. Doch sind, bei näherer Betrachtung, der exzentrische Kaiser Elagabal oder die attalidischen Könige von Pergamon kaum weniger interessant als der große Makedone oder der Begründer des Prinzipats. Wir mögen weniger über sie wissen, weniger instruktiv für das Verständnis einer fernen Epoche sind sie darum nicht.

Oikumene: Die Globalisierung der antiken Mittelmeerwelt

Die Essays dieses Buches behandeln eine Zeitspanne von fast 1500 Jahren: von der um 1200 v. Chr. in der Levante beginnenden Eisenzeit bis zur anbrechenden Spätantike um 300 n. Chr. In diesen Jahrhunderten veränderte sich das Mittelmeer, das nicht nur geographisch im Mittelpunkt stehen wird, von Grund auf: Aus einem Meer, dessen Anrainer noch in der Zeit Homers, um 700 v. Chr., nur lose miteinander vernetzt waren, wurde in mehreren Etappen ein dichter Interaktionsraum, in dem Menschen aus

1 Für die Genehmigung, die Aufsätze für diese Sammlung zu verwenden, vor allem aber für unzählige anregende Gespräche und stets konstruktive Kritik dankt der Verfasser der Chefredakteurin von DAMALS, Dr. Marlene P. Hiller.

entfernten Regionen miteinander kommunizierten und Handel trieben. Katalysatoren der Mobilität waren das sprunghaft anwachsende geographische Wissen, die Herausbildung großer imperialer Machtzentren und – unter römischer Ägide – die allmähliche Schaffung eines einheitlichen Rechtssystems, das geschäftlichen Transaktionen einen verbindlichen Rahmen und allen Menschen ein Mindestmaß an Rechtssicherheit gab – auch dann, wenn sie fern ihrer Heimat waren.

Mitte des 2. Jahrhunderts n. Chr., auf dem Höhepunkt römischer Macht, zollte der griechische Redner Aelius Aristides in seiner Rede *Eis Rhomen* („Auf Rom") den Herren des Imperiums größten Respekt: Sie hätten mit der von ihnen geschaffenen Infrastruktur – Straßen, Brücken, Poststationen –, mit dem römischen Recht und dadurch, dass sie die gesamte Oikumene, die bekannte Welt jener Zeit, geodätisch vermessen hätten, eben diese Oikumene „in einen einzigen Haushalt" verwandelt. Die logistischen Leistungen der römischen Armee illustrieren, welche Hindernisse die Truppen des Imperiums auf diesem Weg zu meistern hatten (13. Kapitel). Ein konzertierter Kraftakt römischer Legionäre, Adminstratoren, Juristen, Ingenieure und Baumeister vollendete gleichsam die „Globalisierung" der antiken Welt, von den Ufern des Clyde bis zu den Katarakten des Nil, von Gibraltar bis zum Euphrat. Es ist dies die Welt, von der in den folgenden Kapiteln die Rede sein wird.

Freilich: Die von Aristides beschriebene Oikumene unter römischer Vorherrschaft war nur der Schlussstein einer Entwicklung, die bereits um 1200 v. Chr. eingesetzt hatte und deren Etappen für das Verständnis der Antike so fundamentale Prozesse markieren wie die „große" griechische Kolonisation vom 8. bis zum 6. Jahrhundert v. Chr. und die Entstehung der „hellenistischen Weltkultur" (Hermann Bengtson) seit Alexander dem Großen. Den Anfang hatten ohnehin weder Griechen noch Römer gemacht, sondern die Phönizier, die, von der Levante kommend, erst die lokalen Handelssysteme im Mittelmeer zu einem großen Netzwerk verknüpft hatten und dann selbst in Übersee sesshaft geworden waren (1. und 2. Kapitel).

Die Phönizier und in ihren Fußstapfen die Karthager exerzierten den Griechen vor, wie man eine rückständige Peripherie entwickelt und aus Disparitäten Nutzen zieht. Als Erste schufen sie, gleichsam als Nebenprodukt ihres Kommerzes, eine kulturell und sprachlich integrierte Sphäre, die zur Glanzzeit Karthagos neben dem Mutterland fast den gesamten Südrand des Mittelmeers, die großen Inseln Sardinien, Sizilien und Korsika sowie Teile der Iberischen Halbinsel umfasste. Nordafrika bewahrte bis in die Spätantike noch so viel von seinem phönizisch-punischen Charakter, dass selbst ein römischer Kaiser wie der aus Lepcis Magna stammende Septimius Severus (Kaiser von 193–211 n. Chr.) Punisch zur Muttersprache hatte.

Dass die Oikumene keineswegs so einheitlich war, wie Aristides wahrhaben wollte, und dass vielfach unter der Oberfläche tief eingewurzelte lokale Traditionen schlummerten, die nicht der „Hellenisierung" oder „Romanisierung" zum Opfer fielen, sondern sich unter griechischem und römischem Einfluss zu etwas völlig Neuem wandelten, offenbart ein genauer Blick auf den römischen Nahen Osten (12. Kapitel). Hier waren es vor allem die Juden, die sich heftig gegen die zwangsweise Einverleibung in Aristides' „Haushalt" sträubten (9. Kapitel). Welch explosives Potenzial in der Synthese aus „westlichen" und „orientalischen" Elementen steckte, lehrte schließlich in der Krise nach der für Rom verlorenen Schlacht von Karrhai (260 n. Chr.) die Oasenstadt Palmyra mit ihrem Cameo-Auftritt auf der weltpolitischen Bühne (14. Kapitel).

Gefallene Helden

Zu Opfern einer Geschichtstradition, die ins Horn der Sieger bläst und Verlierer unter sich begräbt, wurden nicht nur die zu „Randkulturen" herabgedrängten Zivilisationen an der östlichen (Phönizier, Aramäer), südlichen (Karthager) oder westlichen (Kelten) Peripherie der Mittelmeerwelt. Treffen konnte es selbst jene Männer, die im Zentrum der Macht saßen: im römischen Kaiserpalast. Ob ein römischer Herrscher als „guter" oder „schlechter" Kaiser in die Geschichte einging, darüber entschied ein komplexes Geflecht aus Einflussgrößen und Akteuren. Es half, wenn der Imperator vor dem eigenen Ableben die Macht geordnet an einen Nachfolger weitergeben konnte, der sich dann, wie Antoninus Pius im Fall Hadrians, für die zügige Vergöttlichung des Toten per Senatsbeschluss starkzumachen hatte.

Wer, wie Nero, Domitian oder Commodus, hingegen der Letzte seiner Dynastie und gewaltsam vom Leben zum Tode befördert worden war, hatte nur geringe Chancen, dass einst kommende Generationen hymnisch seine Taten besingen würden. Statt diese Männer zu vergöttlichen, verhängte der Senat, froh, einen Tyrannen los zu sein, Gedächtnissanktionen gegen sie: Statuen wurden gestürzt, Inschriften getilgt, Gesetze für ungültig erklärt. Senatoren waren meist auch die Geschichtsschreiber – unsere Gewährsleute für die Ereignisgeschichte der Kaiserzeit, deren Berichte mit entsprechender Vorsicht zu genießen sind.

Die Porträts aus der beeindruckend langen Galerie „schlechter" Kaiser, unter denen Rom und sein Reich ächzten, gleichen sich frappierend. Ob Caligula, Nero oder Domitian: Immer wieder lichteten sie die Reihen der Senatoren durch Gewaltexzesse; stets schwelgten sie in Luxus und widernatürlichen Ausschweifungen aller Art; oft war ihr Regierungshandeln von Wahnsinn oder wenigstens politischer Unvernunft geleitet (8. Kapitel): Narren im Purpur allesamt, waren sie der Aufgabe, ein Weltreich zu beherrschen, nicht im Mindesten gewachsen. Oder ist dieses düstere Bild nur die Version der Wahrheit, die uns die antiken Historiographen, Männer vom Rang eines Tacitus oder Cassius Dio, glauben machen wollen? Waren Kaiser wie Domitian (10. Kapitel) oder der in eine syrische Priesterdynastie hineingeborene Elagabal (11. Kapitel) womöglich einfach nur ihrer Zeit voraus?

Eine Schlüsselrolle bei vielen blutigen Machtwechseln im kaiserzeitlichen Rom spielten die Prätorianer, von Augustus als kaiserliche Leibgarde aufgestellt, deren Soldaten sich aber immer wieder in der Rolle von Kaisermachern – und oft auch Kaisermördern – wiederfanden (7. Kapitel). Den Zenit ihrer Macht erreichten die Gardesoldaten unter Tiberius, als ihr Präfekt Seianus für den im wonnigen Capri weilenden Kaiser über Jahre die Geschäfte führte. Doch wurde den Prätorianern ihr Einfluss, der immer wieder auch mit den Interessen der kämpfenden Truppe kollidierte, schließlich zum Verhängnis: Septimius Severus stellte die Garde, die in der römischen Geschichtsschreibung keine gute Presse hatte, kalt, indem er eine reguläre Legion vor den Toren Roms stationierte.

Dass selbst über Roms engste Verbündete die Geschichte hinweggehen konnte, mussten die attalidischen Herrscher Pergamons leidvoll erfahren. Dem Imperium in grenzenloser Loyalität verbunden, hatten sie als Alliierte ausgespielt, sobald die einst mächtigen Gegner im hellenistischen Osten – Makedonien und das Seleukidenreich – in einer Serie blutiger Kriege niedergerungen waren. 133 v. Chr. sah sich der letzte Attalidenherrscher genötigt, sein Reich den Römern zu vermachen, die aus Pergamon ihre Provinz Asia machten (3. und 4. Kapitel).

Historische Verlierer waren, jeder auf seine Art, schließlich auch die beiden Antagonisten des großen Sklavenkriegs, unter dem von 73 bis 71 v. Chr. Italien erbebte (5. und 6. Kapitel). Crassus konnte über die Sklaven triumphieren, doch in die Geschichtsbücher ging er ein als der Mann, der, im Schatten seiner Mittriumvirn Caesar und Pompeius stehend, einen ebenso sinnlosen wie desaströsen Krieg gegen das Partherreich entfesselte und bei Karrhai (53 v. Chr.) die Quittung dafür erhielt. Spartacus, der Führer der Sklaven, besaß militärische Begabung im Übermaß und erschien seinen Gefolgsleuten wie ein Messias. Eine Vision, wie sich die Sklaven auf Dauer dem römischen Unterdrückungssystem entziehen konnten, besaß er hingegen nicht. Deshalb war sein Scheitern nur eine Frage der Zeit.

Was ist Macht?

Spartacus band seine Gefolgsleute an sich, weil sie fest an seine Sendung glaubten und daran, dass er mit seinen exzeptionellen Fähigkeiten jede noch so verfahrene Situation meistern könne. Spartacus verhieß Erfolg und, mehr noch, Rettung und Heil. Max Weber, der Gründervater der Soziologie, hat die außeralltäglichen Führungsqualitäten eines Menschen und den Glauben der Geführten daran als „Charisma" bezeichnet. Der charismatische Führer ist, laut Webers Herrschaftssoziologie, der Prophet oder Befehlshaber, der die Massen in seinen Bann zieht, weil er ihnen glaubhaft Sieg und Erlösung verspricht.

Vereinfacht gesagt ist Charisma eine Quelle von Macht, die Weber versteht als „jede Chance, innerhalb einer sozialen Beziehung den eigenen Willen auch gegen Widerstreben durchzusetzen, gleichviel worauf diese Chance beruht". Immer wieder wird es in den folgenden Kapiteln um Macht gehen, die – ob wir wollen oder nicht – *das* elementare Movens jeder Geschichte ist, auch der alten. Die institutionalisierte Form von Macht, Herrschaft, kann sich auch durch Tradition oder Gesetz legitimieren. Damit sind im Kern die Mechanismen umrissen, die einen Herrscher an der Macht halten und seinem Willen zur Durchsetzung verhelfen. Der Vorzug der Weberschen Kategorien liegt darin, dass sie auch für ein politisches System Gültigkeit haben, das keine oder nur schwach ausgeprägte Formen klassischer Legitimität – wie etwa Investitur, Salbung, Herrscherinsignien oder ein wie auch immer geartetes dynastisches Prinzip – kennt und in dem die Herrscher weitgehend von der Akzeptanz der Beherrschten abhängen.

Viele der folgenden Kapitel, gerade zur römischen Kaiserzeit, aber auch zu Pergamon und zu Spartacus, lassen sich förmlich als Fallstudien zur Weberschen Herrschaftssoziologie lesen. Max Weber hat aber auch nützliche Kategorien zur Bewertung der antiken Wirtschaftsgeschichte beigesteuert, die in diesem Buch ebenfalls eine Rolle spielt, wenn auch nur am Rande. Eine explizite Bezugnahme auf Weber findet dennoch nur ausnahmsweise statt. Sie wäre dem episodisch-erzählenden Charakter der Darstellung unangemessen und würde den Rahmen dieses Büchleins wohl auch sprengen. Zur Vertiefung sei daher die Bibliographie im Anhang empfohlen.

I. Wie Frösche um einen Teich: Fernhandel und Güteraustausch in der klassischen Mittelmeerwelt

„Wir, die wir zwischen den Säulen des Herakles und dem Fluss Phasis leben, bewohnen einen kleinen Teil der Erde, wie Ameisen oder Frösche um einen Teich.“[2] So lässt Platon seinen Lehrer Sokrates im Dialog *Phaidon* den Siedlungsraum der Griechen zu seiner Zeit beschreiben, um das Jahr 400 v. Chr. Der Phasis heißt heutzutage Rioni und fließt durch Georgien, die ruhelose Republik am Fuß des Kaukasus. Säulen des Herakles – so nannten die Griechen die Meerenge von Gibraltar. Gemeint sind der Felsen von Gibraltar und der Berg Abyle im Gebiet des heutigen Ceuta. Einst hatte Herakles hier, auf der Suche nach den Äpfeln der Hesperiden, dem Atlas seine Last, den Erdball, abgenommen. So wollte es der griechische Mythos. Der Herakles der Griechen war ursprünglich ein phönizischer Gott: Melkart, dessen Kult sich aus dem heimatlichen Tyros über den gesamten Mittelmeerraum verbreitet hatte und in Gades (Cádiz), also jenseits der „Säulen“, eine neue Heimstatt auf kolonialem Boden gefunden hatte.

Sokrates' Worte erhielten dadurch besonderes Gewicht, dass sie am Tag seines Todes gesprochen werden. Der Dialog *Phaidon* spielt in den letzten Stunden des Philosophen, als der sich darauf vorbereitet, den Schierlingsbecher zu trinken. Es geht Platon um die letzten Dinge, um den Primat der ewigen Seele vor der begrenzten physischen Existenz des Menschen. Die Parabel vom Froschteich aber ist mitten aus dem Leben gegriffen: Besser kann man die mediterrane Küstenkultur von Griechen und Römern und die elementare Rolle, die das Meer für sie spielte, kaum auf einen bündigen Nenner bringen. Von der Iberischen Halbinsel bis zum Ostrand des Schwarzmeers reichte die Oikumene, die zivilisierte Welt, in der man Griechisch sprach und teilhatte an dem, was die griechische Welt zusammenhielt: urbanes Leben, der Mythos und der unerschütterliche Glaube daran, dass menschliches Zusammenleben eine Angelegenheit war, die Männer – nur um sie ging es – in ihre eigenen Hände nehmen konnten. Eine Welt der Städte, von denen kaum eine weiter als 50 Kilometer vom Meer entfernt war, jenem Raum, der zugleich trennte und verband.

2 Platon, Phaidon 109b.

Als Platon den *Phaidon* schrieb, erschien den Griechen ihre mediterrane Welt überschaubar und vergleichsweise einheitlich. Nicht nur waren überall griechische Städte, Poleis, sie waren auch bestens miteinander vernetzt. Athen, die Heimatstadt von Sokrates und Platon, besaß auf seinem Territorium den größten Hafen des antiken Griechenland: Piräus. Hier legten täglich Schiffe an, die in großen Mengen Nahrungsmittel brachten, vor allem Getreide aus dem Schwarzmeerraum, daneben Wein und Salzfisch. Es kamen aber auch zahllose andere Güter, vielfach Rohstoffe vom Rand der Mittelmeerwelt, die in Athen zu Fertigwaren verarbeitet wurden: Holz, Teer, Pech, Rötel, Eisen-, Kupfer- und Zinnerz, Gold, Häute und Felle sowie - der wichtige menschliche Rohstoff - Sklaven. Auch teure Luxusartikel wie Papyrus, Elfenbein, Gewürze, Purpurstoffe und Möbel gelangten über den Piräus nach Athen.

Die Ausgangslage: Fernhandel im „Dunklen Zeitalter"

Als der Piräus boomte, hatten Güteraustausch und Seehandel für die Athener - und bei Weitem nicht nur für sie - eine Bedeutung erlangt, die bis dato keine historische Parallele kannte. Eine ganze Stadt hing davon ab, übers Meer mit Getreide versorgt zu werden, das in weit entfernten Regionen angebaut wurde. Das Mittelmeer war zwar noch weit davon entfernt, ein integrierter Wirtschaftsraum zu sein, aber Vernetzung und Fernhandel hatten die diversen Teile erstaunlich dicht zusammenrücken lassen - eine Art erste Globalisierungswelle war über die mediterrane Welt geschwappt.

700 Jahre zuvor, zu Beginn des sogenannten „Dunklen Zeitalters", um 1200 v. Chr., hatte diese Welt ganz anders ausgesehen. Gerade erst waren ganze Zivilisationen zusammengebrochen: die Reiche der Spätbronzezeit. Die Palastzentren, von denen aus diese Reiche regiert worden waren und die zwischen Mykene und Mesopotamien die politische und ökonomische Landschaft beherrscht hatten - verschwunden; das mächtige Hethiterreich - kollabiert, seine Erbmasse unter einer Reihe von Nachfolgestaaten aufgeteilt; Ägypten - so geschwächt und mit sich selbst beschäftigt, dass es in Übersee kein Gewicht mehr besaß; der transmediterrane Fernhandel - praktisch zum Erliegen gekommen. Der Mittelmeerraum um und nach 1200 v. Chr. war unübersichtlich geworden: In Griechenland, Kleinasien und weiten Teilen der Levante hielten Stammesgruppen das Heft in der Hand, einst blühende Städte lagen in Trümmern und fruchtbares Ackerland war zum Weidegrund für die Herden der Nomaden geworden. Die in der bornzezeitlichen Ägäis verbreitete Schrift Linear-B war in Vergessenheit geraten, technologisches Wissens verschwunden. Händler hatten es in der neuen Welt der Eisenzeit nicht leicht.

Doch wo Schatten ist, ist auch Licht. Entlang der levantinischen Küste, in Phönizien und im dem Mittelmeer zugewandten Teil Palästinas, im Bereich der „Pentapolis" der Philister, blieben die Städte unzerstört oder wurden rasch wieder aufgebaut, oft größer und prächtiger als zuvor. Während im von den Stämmen Israels in Besitz genommenen Hinterland Palästinas und dem von aramäischsprachigen Stämmen besiedelten Innersyrien die Städte großflächig einer Welt der Dörfer und Hirtennomaden gewichen waren, war die Küste, allen Umbrüchen zum Trotz, nach wie vor urban geprägt. Auf niederem Niveau zirkulierten auch weiter Güter im Raum zwischen Ägäis und Levante. Menschen aus Griechenland siedelten um 1100 v. Chr. an der Küste Kleinasiens und hielten den Kontakt zum griechischen Mutterland. Griechische Keramik aus dem 10. Jahrhundert v. Chr. fand sich im phönizischen Tyros und vor allem in den frühesten Schichten der Siedlung Al Mina an der Orontes-Mündung im nördlichen Syrien.

Die Tonwaren stammten überwiegend aus Euboia, einer dem griechischen Festland östlich vorgelagerten großen Insel, deren Bewohner früh die Initiative im Seehandel ergriffen. Keramik ist für Archäologen eine Quelle von einzigartiger Aussagekraft, weil sie verbreitet und langlebig ist. Vor allem lassen sich Entstehungszeit und -ort relativ genau bestimmen. Scherben haben das Potenzial, Kontakte zwischen weit entfernten Orten zu dokumentieren, sie lassen obendrein in begrenztem Umfang Aussagen über Intensität und Regelhaftigkeit des Austauschs zu, aber über dessen genaue Modalitäten bleiben sie stumm: Welche Routen die Gefäße nahmen, wer sie transportierte, ob sie direkt oder über vielleicht mehrere Zwischenstationen aus Euboia in die Levante gelangten – all das bleibt im Dunkeln bzw. der spekulativen Imaginationsgabe von Archäologen und Historikern überlassen.

Viel spricht in diesem Fall dafür, dass Zwischenhändler am Warenverkehr beteiligt waren. Die Keramik aus Euboia war gemischt mit Waren anderer Herkunft: Gefäßen aus Attika, Samos, Rhodos bzw. der Nordägäis – allesamt mögliche Zwischenstationen auf dem Weg nach Osten. Zu Anbruch des „Dunklen Zeitalters" war vor allem Kreta nach Übersee hin orientiert und exportierte seine Keramik auf die benachbarten Inseln der Dodekanes und bis nach Zypern. Später klinkte sich vor allem Zypern in den Handel mit der Levante einer-, den Kykladen, Dodekanes, Kreta und dem griechischen Festland andererseits ein.

Der ostmediterrane Fernhandel kam daher nach der umfassenden Krise um 1200 v. Chr. nicht zum Erliegen, sondern suchte sich lediglich neue Bahnen. Statt auf direktem Weg zwischen großen Palastzentren zirkulierten Güter nun über lokale und regionale Netzwerke, die miteinander verzahnt waren. So konnten Gegenstände – über Zwischenstationen – durchaus auch weite Wege zurücklegen. Das Volumen des Handels und die

Qualität der gehandelten Güter waren wohl anfangs rückläufig, stabilisierten sich aber seit dem 10. Jahrhundert v. Chr. Auch Italien blieb locker mit der ostmediterranen Welt verbunden: Auf dem apulischen Vorgebirge Scoglio del Tonno bei Tarent lagerten Importwaren aus der Ägäis, deren Chronologie bruchlos vom 18. bis zum 11. Jahrhundert v. Chr. reicht. Vermutlich diente der Ort in der Bronze- und noch in der frühen Eisenzeit als Relaisstation zwischen Griechenland und Süd- bzw. Mittelitalien.

Mit der mykenischen Welt hatten vor 1200 v. Chr. auch andere Teile Italiens in Verbindung gestanden, namentlich Sizilien, die Äolischen Inseln und der Golf von Neapel. Vielleicht waren die bronzezeitlichen Kontakte Initialzündung für soziale Umwälzungen auf der Apenninen-Halbinsel, die in die Entstehung größerer ethnischer Verbände mündeten. In ihnen wiederum schälten sich allmählich Eliten heraus, die Importgüter nachzufragen begannen. So gab es auch in Italien lokale und regionale Handelsnetze, die vermutlich Verbindungen reaktivierten, die bereits in der Bronzezeit bestanden. Funde aus Nordetrurien weisen etwa nach Sardinien. In Populonia, unweit des heutigen Livorno, wurde seit dem 9. Jahrhundert Eisenerz von der nahen Insel Elba verhüttet. Roheisen und Eisenprodukte nahmen von hier ihren Weg in andere Teile Italiens.

Phönix aus der Asche

Als sich im 9. oder vielleicht schon 10. Jahrhundert v. Chr. die ersten Händler aufmachten, um mit kleinen Schiffen weit entfernte Küsten zu bereisen, brauchten sie im Grunde genommen nur die vorhandenen kleinen Handelskreisläufe zu einem großen mediterranen System zusammenschweißen. Diese Rolle fiel den Phöniziern zu, deren Städte wie Perlen einer Kette an der levantinischen Küste aufgereiht waren: Arados, Byblos,

Sidon und Tyros – so lauteten, von Nord nach Süd, die Namen der großen Städte, zu denen sich noch ein Dutzend kleinerer Siedlungen gesellte. Typischerweise lagen sie auf dem Festland vorgelagerten Inseln oder Halbinseln: Der Blick ihrer Bewohner richtete sich nach Westen, übers Meer.

Wie Phönix aus der Asche, so erhoben sich diese Städte auf den Trümmern der bronzezeitlichen Welt. Jahrhundertelang waren sie großen Imperien tributpflichtig gewesen, die ihrer politischen und wirtschaftlichen Entwicklung enge Grenzen gesetzt hatten. Mit dem Kollaps der großen Reiche am Ende der Bronzezeit hatten ihre Bewohner Handlungsspielräume, die eine Dynamik ganz neuer Art entfachten. Erstmals schickten sich ganze Gesellschaften an, nicht von der Landwirtschaft, sondern in großem Stil von Handel und Gewerbe zu leben.

Als Erste bekamen den Wandel die Ägypter zu spüren. Um 1075 v. Chr. spielt eine Episode, die in der uns vorliegenden Form Fiktion ist, sich aber durchaus so oder ähnlich hätte zutragen können: Der Gesandte Wenamun schifft sich vom Nildelta aus nach Byblos ein, um von dort Holz zu beschaffen, aus dem ein neues Kultschiff für den Gott Amun gebaut werden soll – die Hölzer des Libanon, vor allem die Zeder, die noch heute die Fahne des modernen Staates ziert, waren in den baumlosen Flusstälern Mesopotamiens und Ägyptens besonders begehrt. Wenamun verschlägt es fast die Sprache, als der König von Byblos, Sekerbaal, als Gegenleistung die Lieferung ägyptischer Waren fordert. „Ich bin nicht dein Diener und nicht der Diener desjenigen, der dich schickte“, stellt Sekerbaal lakonisch fest, woraufhin Wenamun nichts übrig bleibt, als nach Ägypten zurückzusegeln und die Tauschgüter zu beschaffen.[3]

Hatten sich die Herrscher von Byblos zuvor damit begnügt, wenn Pharao, die „Sonne“, über ihnen sein Licht leuchten ließ und Holz mit Gnade bezahlte, so forderten sie nun ein materielles Quid pro quo. Der asymmetrische Tausch zwischen Zentrum und Peripherie eines Großreichs war zu einem symmetrischen Handel unter Partnern geworden, die einander auf Augenhöhe begegneten. Und bald hatten die Phönizier die besseren Karten, wenn sie mit ihren Nachbarn am Verhandlungstisch saßen: Die Bücher Könige und Chronik des Alten Testaments berichten, wie König Salomo, als er seinem Gott den Tempel in Jerusalem errichtete, Hilfe von seinem „Bruder“, dem König Hiram von Tyros erhielt. Hiram lieferte Material, stellte Arbeitskräfte zur Verfügung und vor allem Know-how. Als Gegenleistung erhielt Tyros von Salomo Lebensmittel, die in der rapide wachsenden Inselstadt dringend benötigt wurden. Wichtiger noch: Salomo trat Land an Tyros ab, den Grundstock für den Territorialstaat, den die phönizische Stadt auf dem Festland errichtete. Dafür durften sich die

3 Wenamun 2, 13 (= Goedicke 1975).

Hebräer an Handelsmissionen der Tyrer beteiligen, die sie bis nach Spanien (Tarschisch) und Ophir (Arabien, vielleicht sogar Afrika) führten.

Immer wieder sind es phönizische Herrscher, die geschickt die Reichtümer ihres Landes zu vermarkten wissen. Ähnlich wie in der Bronzezeit schildern uns die Texte den Königspalast als Mittelpunkt aller wirtschaftlichen Aktivitäten. Doch werfen Quellen wie das Alte Testament und der Wenamun-Bericht womöglich mehr Fragen auf, als sie beantworten: Die Chronologie ist verworren, und über die Frage, ob es überhaupt einen König Salomo gab, streiten sich bis heute die Gelehrten. Die Dokumente referieren keinen phönizischen Standpunkt, sondern die Position der Nachbarn. Immerhin dürfte außer Zweifel stehen, dass die phönizischen Städte sich um 1000 v. Chr. von den Großmächten emanzipiert hatten und bereits zum Sprung nach Übersee ansetzten.

Dieser Befund lässt sich gut mit den archäologischen Zeugnissen aus der frühen Eisenzeit in Einklang bringen. Die materielle Kultur Zyperns, bis dato eine der Drehscheiben zwischen Ägäis und Vorderasien, verrät wachsenden phönizischen Einfluss. Levantiner scheinen sich sukzessive in den Güteraustausch mit der Ägäis eingeschaltet zu haben, wie die Funde von Salbgefäßen auf Rhodos nahelegen, die erst aus zyprischer, dann aus lokaler und schließlich aus phönizischer Herstellung stammten. Schließlich bezeugen Funde aus Elitengräbern auf Zypern (Salamis) und Euboia (Lefkandi), dass griechische Aristokraten Kontakte zur Levante pflegten. Umgekehrt tauchte griechische Importkeramik aus Euboia in Al Mina auf.

Dass es Handelsherren aus Phönizien und nicht aus Griechenland waren, die den lokalen Handel erneut zu einem großflächigen System vernetzten und somit den aktiven Part spielten, lassen die beiden homerischen Epen, Ilias und Odyssee, erahnen, in denen Phönizier eine prominente, wenngleich etwas zwielichtige Rolle spielen. Zwar gelten sie als geübte Fabrikanten von Luxusartikeln, die ihren immensen Wert allein schon aus ihrer „sidonischen" Herkunft beziehen, andererseits aber auch als ausgebuffte Krämerseelen mit zweifelhafter Moral und ausgeprägtem Hang zur Profitgier. Die Helden der Ilias wissen die von „sidonischen Frauen" hergestellten Gewänder aus edlen Stoffen ebenso zu schätzen wie das silberne Mischgefäß, das Achill bei den Leichenspielen für seinen Freund Patroklos als Kampfpreis aussetzte: „an Schönheit trug's den Sieg davon auf der gesamten Erde, denn Sidoner voller Kunstsinn hatten's schön gefertigt" (XXIII. 742 f.).

Doch erfahren wir auch, wie die Phönizier ihren Handel organisierten und welche Geschäftspraktiken zur Anwendung kamen. Der Schweinehirt Eumaios, der für Laertes, den Vater des Odysseus arbeitet, erzählt dem Helden der Odyssee seine tragische Lebensgeschichte: Einst kamen Phönizier zu Schiff auf die Insel Syria, auf der Eumaios' Vater König war. Eine phönizische Sklavin lebte am Hof, die mit ihren Landsleuten einen raffinierten Fluchtplan ausheckte: Nachdem die Phönizier ein ganzes Jahr auf der Insel verbracht hatten und feilschend die von ihnen mitgeführten Waren abgesetzt sowie andere erhandelt hatten, raffte die Phönizierin im Haus des Königs einige Wertgegenstände zusammen und entführte den jungen Prinzen Eumaios; dann machten sich alle davon. Schließlich verkauften die Händler Eumaios an Laertes.[4]

In einer anderen Episode – Odysseus hält seine Identität vor Eumaios geheim – erfindet sich der Listenreiche eine abenteuerliche Lebensgeschichte, die ihn bis an den Hof des ägyptischen Pharao führte. Auch hier spielt ein Mann aus Phönizien Schicksal. Er überredet den fiktiven Odysseus, mit ihm nach „Phoinike" zu kommen, wo er Ländereien besitze. Nachdem sie einige Zeit dort verbracht haben, lädt der Phönizier den Helden ein, ihn als Kompagnon auf eine Handelsexpedition nach Libyen zu begleiten. Beide erleiden Schiffbruch, und Odysseus rettet sich an die Küste von Epirus, im heutigen Nordwestgriechenland.[5]

Das Bild vom phönizischen Fernhandel gewinnt damit etwas schärfere Konturen. Die Kaufleute waren zugleich Seeleute; sie bildeten Gesellschaften, die gemeinschaftlich ein Schiff nutzten und sich um einen Anführer scharten, der Initiator und Organisator des Projekts war; vor allem kamen sie ohne die großen Organisationen von Tempel und Palast aus, die in der Bronzezeit das Handelsgeschehen, wenn nicht monopolisiert, so doch dominiert hatten. Die Händler hielten sich relativ lange an den einzelnen Zwischenstationen auf, aber wohl kaum ein ganzes Jahr, wie es in der Odyssee heißt. Während ihres Besuchs betrieben sie geldlosen Tauschhandel mit den Einheimischen, wobei sie sich wie alle Zwischenhändler, ohne es zu kennen, Ricardos Prinzip der komparativen Kostenvorteile – fluktuierende Preise bei unterschiedlicher Verfügbarkeit verschiedener Waren – zunutze machten. Die Grenzen zwischen Seehandel, Gabentausch, Piraterie und Abenteurertum waren durchaus noch fließend.

Vor allem aber spielten ethnische Gesichtspunkte bei der Zusammensetzung der Mannschaften offenbar kaum eine Rolle. Wir dürfen uns die Crews der kleinen Handelsschiffe, die im 9. und 8. Jahrhundert v. Chr. – der Zeit, als die homerischen Epen allmählich zu ihrer um 700 v. Chr. verschriftlichten Form fanden – auf dem Mittelmeer segelten, getrost als bunt zusammengewürfelte Haufen vorstellen, anders als die Kaufmannshansen des europäischen Mittelalters, bei denen landsmannschaftliche Prinzipien im Vordergrund standen.

4 Homer, Odyssee XV.
5 Ebd., XIV.

An fremden Küsten

So ist auch das Material aus den frühesten „Kolonien" in Übersee, die nun in dichter Folge entstanden, der Spiegel einer multikulturellen Gesellschaft von Kaufleuten, die in der Fremde dem Glück nachjagten. Sich in Übersee niederzulassen, hatte gegenüber der Existenz als reisender Kaufmann handfeste Vorzüge. Nicht nur tauschte man Risiko und Mühsal der Seefahrt gegen ein geruhsameres Leben an Land ein; vor allem kam man den Rohstoffquellen des Hinterlands und potenziellen Märkten für Fertigwaren ein gutes Stück näher. Überall am Mittelmeer entstanden nun solche Pflanzstädte, die dem Fernhandel Auftrieb gaben und Händler aus dem Osten magisch anzogen. Eine kommerzielle Diaspora, die das Tor zum wirtschaftlich interessanten, vorerst aber noch fremden Hinterland aufstieß, dämmerte herauf.

Einer dieser Umschlagplätze – die Griechen sprachen von *emporia* – war Pithekoussai (Ischia). Die „Affeninsel", so die wörtliche Übersetzung, war seit ca. 770 v. Chr. Anlaufpunkt für Griechen, wiederum hauptsächlich Menschen aus Euboia, sie wirkte aber auch wie ein Magnet auf Levantiner, die sich hier mitten unter den Griechen niederließen. Von Phönizien, genauer: von Tyros, ging die Initiative zur Gründung einer dichten Kette von Kolonien im westlichen Mittelmeer aus: Karthago und Utica in Nordafrika, Motye (Mozia), Panormos (Palermo) und Solunt auf Sizilien, Nora, Sulcis und Tharros auf Sardinien, Toscanos, Malaga und Gades (Cádiz) in Südspanien, Lixus in Marokko – um nur die wichtigsten zu nennen. Sie alle waren Abbilder der Mutterstädte im Osten: Lage, Urbanistik, Architektur, Sprache und Kulte waren eng an die levantinischen Metropolen Tyros und Sidon angelehnt. Mit den Phöniziern kamen aber auch andere Einwanderer, Menschen aus Nordsyrien, Zypern, Israel-Juda, Kleinasien, der Ägäis und womöglich Ägypten. Vor Ort lebten Einheimische, die sich allmählich den Neuankömmlingen annäherten, vieles von ihnen lernten und oft vermutlich ihre Töchter an sie verheirateten.

So war die koloniale Diaspora zwischen Italien und Atlantik weit davon entfernt, ein kulturell oder ethnisch einheitlicher Raum zu sein. Mit Leben erfüllt wurde er vielmehr von unzähligen Individuen, die unabhängig von ihrer Herkunft vom Wunsch nach einem besseren Leben besetzt waren. Und dieser Traum machte nicht halt vor kulturellen Schranken. Auch viele Griechen hatten gute Gründe, ihr Heil in der Fremde zu suchen. Der im 7. Jahrhundert v. Chr. schreibende Dichter Hesiod lässt sein lyrisches Ich im Lehrgedicht „Werke und Tage" (*erga kai hemera*) dem Sohn den Rat mit auf den Weg geben, die Erträge der Landwirtschaft durch Seehandel aufzubessern. Entweder, so der Vater, man verschifft die Produkte des eigenen Hauses mit einem kleinen Fahrzeug in nahe Gefilde – oder man tut sich mit anderen zusammen, um mit einem großen Schiff entsprechende Profite einzufahren (643 f.).

Oft werden es wohlhabende Männer, gleichsam Aristokraten *in statu nascendi*, gewesen sein, die andere Abenteurer um sich scharten, um der kargen Existenz zu entrinnen, die Griechenland dem Landwirt bot. Der Historiker Herodot berichtet von dem sagenhaften Reichtum, der dem Samier Kalaios in den Schoß fiel, als er mit Schiff und Besatzung von einem Sturm an die spanische Küste geworfen wurde. Da es ihn als Ersten in den fernen Westen verschlug, kehrte er mit ungeheuren Schätzen nach Samos zurück (IV. 152). Solche Erfolge werden Teilzeithändler wie Kalaios dazu inspiriert haben, gleich ganz den Sprung in die Fremde zu wagen. Seit dem späten 8. Jahrhundert wuchs die Bevölkerung des griechischen Mutterlands so sprunghaft an, dass ein demographischer Aderlass unausweichlich wurde: Das Prekariat nach Übersee zu exportieren, schien ein probater Ausweg. Flucht vor Land- und Hungersnot in der Heimat und die Hoffnung auf Wohlstand, der in der Ferne lockte, gingen Hand in Hand und halfen, allfällige Bedenken zu zerstreuen. Auch hier galt: Die Auswanderer scharten sich um einflussreiche Einzelpersönlichkeiten, die dem Projekt die Richtung vorgaben; die Herkunft des Einzelnen war zweitrangig.

Am Ende stand Platons Froschteich: Um 600 v. Chr. war fast jeder Flecken entlang der mediterranen Küsten, einschließlich des Schwarzmeerrands, entweder von Phöniziern oder Griechen – oder den jeweils in ihrem Kielwasser fahrenden Individuen anderer Herkunft – in Besitz genommen worden. Durchzogen war diese Welt von vielfältigen Verbindungslinien: Kontakte zwischen Tochter- und Mutterstädten, Gastfreundschaften, Gesandtschaften zu Orakeln und wichtigen Kultstädten, religiöse Feste und panhellenische Wettkämpfe, die Scharen von Athleten und Besuchern anzogen. Pilger, Söldner und natürlich seefahrende Händler – alle waren sie ständig in Bewegung.

Zumindest am Anfang war die Scheidewand zwischen griechischer und phönizischer Hälfte des Mittelmeers keineswegs so trennscharf und hermetisch, wie uns manche Quelle glauben machen möchte. Wenn das Buch Ezechiel des Alten Testaments den Fernhandel von Tyros einmalig plastisch ausmalt, dann muss man sich hüten, dahinter ein „staatliches“, gar ein „nationales“ Projekt zu vermuten:

„Im Herzen der Meere liegt dein Gebiet. Vollendet schön schufen dich deine Erbauer. Aus Zypressenholz vom Berg Hermon bauten sie all deine Planken, eine Zeder vom Libanon nahmen sie, um auf dir den Mast zu errichten. Deine Ruder machten sie aus Eichen aus Baschan [im heutigen Jordanien], dein Deck aus Elfenbein und Eschenholz von den Inseln der Kittim [Kition auf Zypern]. Dein Segel war bunt gewebtes ägyptisches Leinen. (...) Deine Ruderer stammten aus Sidon und Arados. Erfahrene Männer, Tyros, gab es bei dir. Sie waren deine Matrosen. Die Ältesten von Gubla [Byblos] und seine erfahrensten Männer kamen zu dir, um mit dir

Handel zu treiben. (...) Die Söhne von Arados und deine Mannschaft standen ringsum auf deinen Mauern und die Wächter auf deinen Türmen. Ihre Schilde hängten sie rings an deinen Mauern auf. Sie machten deine Schönheit vollkommen. Tarschisch [Südspanien] kaufte bei dir wegen der Fülle deiner Güter; Silber, Eisen, Zinn und Blei gaben sie für deine Waren. (...) Viele Inseln standen als Kaufleute in deinen Diensten; als Abgaben brachten sie dir Elfenbein und Ebenholz."[6]

Was hier in eindringlichen Allegorien porträtiert wird, war nicht eigentlich eine Stadt, sondern eine Klasse von Fernhändlern, die in Tyros politisch das Sagen hatte, aber längst großräumig verflochten war. Jene „Kaufleute, die wie Fürsten auftraten"[7] waren Männer, die Verbindungen mit allen Teilen der mediterranen Welt unterhielten, eine merkantile Oligarchie, die Multikulturalität bereits mit der Muttermilch aufgesogen hatte.

Homo mercator

Fernhandel war ohne Frage ein gewichtiger Faktor beim Zustandekommen jener Mittelmeerwelt, die wir als „klassische" Antike zu sehen gewohnt sind. Zeit also, einen Moment innezuhalten, um zu versuchen, die Bedeutung, die Güteraustausch für die Menschen des Altertums hatte, zu ermessen und ansatzweise zu quantifizieren. Wir gehen heute selbstverständlich davon aus, dass Menschen sich in ihren Entscheidungen von wirtschaftlichen Zielsetzungen leiten lassen: Ein hoher Lebensstandard und materielle Sicherheit gehören zu den Dingen, die allgemein als erstrebenswert gelten. Um all das zu erreichen, handeln Menschen ökonomisch „zweckrational" – wir arbeiten hart, um uns unseren Wohlstand leisten zu können. Arbeitskraft, Wohnraum, Güter, Dienstleistungen – für alles gibt es einen Markt, auf dem Angebot und Nachfrage über den Preis entscheiden. Das reine Marktprinzip wird, wenigstens in westlichen Wohlfahrtsstaaten, durch Institutionen – den Staat, Steuern, Gesetze, Ethik und Moral – abgeschwächt und in seinen Auswirkungen abgemildert, im Großen und Ganzen aber gilt, dass sie unseren Lebensalltag zu einem Gutteil bestimmen: Der moderne Mensch ist, nicht nur, aber auch, ein *homo oeconomicus*, der sich marktkonform verhält.

Wir neigen dazu, unsere eigenen Lebenserfahrungen auf Menschen vergangener Epochen zu projizieren. Dabei gehen wir von falschen Voraussetzungen aus: Erstens waren die Bedingungen, unter denen Phönizier,

6 Ezechiel 27,4–15.
7 Jesaja 23,8.

Griechen oder Römer lebten, eben nicht die gleichen wie in einer modernen Gesellschaft; zweitens ist die Frage, ob Menschen sich in gleichen Situationen auch ähnlich verhalten, ob Geschichte also von anthropologischen Konstanten oder Variablen beherrscht wird, zumindest offen. Seit der Nationalökonom Karl Bücher vor gut 100 Jahren behauptete, die komplexe Volkswirtschaft sei eine Errungenschaft der Neuzeit, während antike und mittelalterliche Gesellschaften auf den primitiveren Stufen der Haus- und Stadtwirtschaft verharrt hätten, schwelt der Streit um die „Modernität" des antiken Wirtschaftens.

„Modernisten" (in der Tradition des deutschen Althistorikers Eduard Meyer) sind seither nicht müde geworden, auf Quellen zu weisen, die allesamt die Bedeutung von Märkten, Güteraustausch, Angebot und Nachfrage als Preisregulierungsmechanismen zu belegen scheinen. Sie zeichnen das Bild vom Mittelmeerbecken als eines integrierten Wirtschaftsraums, in dem reger Güteraustausch herrschte und in dem das Gewinnstreben zahlloser Individuen nie versiegende Warenströme in Gang hielt – die wirtschaftliche Entsprechung zu Platons Froschteich sozusagen. Mit Recht verweisen sie darauf, dass nicht nur leicht zu transportierende, hochwertige „Luxusartikel" die Runde machten, sondern in großem Stil auch das Massengut Getreide, mit dem namentlich die Metropolen Athen und Rom, aber auch zahlreiche andere Städte, zu ihrer Blütezeit über beträchtliche Distanzen hinweg versorgt wurden.

Natürlich konnten sich die Einwohner einer Großstadt, wie es Athen im 6. und erst recht im 5. und 4. Jahrhundert v. Chr. war, nicht selbst mit Lebensmitteln versorgen. Die Stadt bevölkerten unzählige Menschen, die agrarisch nicht selbst produktiv waren. Aber auch die Bauern Attikas, das politisch zu Athen gehörte, produzierten nicht genügend Überschüsse, um die Stadt zu ernähren. Deshalb importierte Athen bereits seit dem 6. Jahrhundert v. Chr. Getreide, vorwiegend aus dem Schwarzmeergebiet. Dessen Städte und deren Eliten wurden von Athen mit Ehrungen überhäuft, um günstige Konditionen für den Import herauszuholen. Außerdem richtete die Polis ein Gutteil ihrer diplomatischen und militärischen Initiative darauf, den Seehandelsweg durch die Dardanellen zu sichern. Vom Nachschub aus dem Schwarzen Meer abgeschnitten zu werden, bedeutete für Athen zweimal den politischen Bankrott: am Ende des Peloponnesischen Kriegs (431–404 v. Chr.) und in der Frühphase der makedonischen Expansion, als Philipp II. Thrakien und die Meerengen unter seine Kontrolle brachte (ab 342 v. Chr.). Die Getreideversorgung war für die Stadt eine vitale Frage.

Entsprechend setzte man die politischen Prioritäten: Gesetze stellten den Export von Lebensmitteln unter Strafe und schufen Anreize für Importeure; in Athen ansässige Kaufleute durften Getreide nur im Piräus anlanden und mussten es dort auch weiterverkaufen; Aufseher überwachten den lokalen Handel und hatten die Aufgabe, Spekulation zu unterbinden; die Polis schließlich streckte ihre Fühler aus zu den getreidereichen Gefilden Zyperns, Ägyptens und Siziliens. Umgekehrt bot der Getreidehandel der Profitgier von Importeuren wie Produzenten ein schier grenzenloses Betätigungsfeld. Sie kauften den Markt leer, horteten Getreide und trieben so den Preis nach oben. Sie versuchten, dasselbe zu erreichen, indem sie Kartelle bildeten. Als gewiefter Geschäftsmann unterhielt Kleomenes von Naukratis, den Alexander zu seinem Statthalter in Ägypten bestellte, ein Netz von Informanten im Ägäisraum, um so Engpässe in der Getreideversorgung zum eigenen Vorteil ausnutzen zu können. Im geeigneten Moment kaufte er große Mengen der ägyptischen Ernte auf und verkaufte sie wenig später zu Wucherpreisen weiter.

Außerordentliche Gewinnmargen konnten auch Fernhändler erzielen, die als Spediteure ägyptischen Getreides nach Rom tätig waren. Augustus hatte Ägypten zur Provinz gemacht und der neuen Kornkammer des Reiches schon dadurch einen besonderen Status verliehen, dass er sie einem Präfekten aus dem Ritterstand unterstellt und Senatoren untersagt hatte, das Nilland zu betreten. Auch andere Güter des täglichen Bedarfs strömten – ebenso wie Luxuswaren – über den Hafen Ostia in die Hauptstadt. Die Logistik des Transports übernahmen Privatleute. Der reiche Lebemann Trimalchio, einer der Protagonisten aus Petrons Roman *Satyricon*, ist literarische Fiktion. Modell dürften aber die Massen von Emporkömmlingen gestanden haben, die der wirtschaftliche Boom der Gründerjahre des Imperiums nach oben gespült hatte. Als Freigelassener hatte sich Trimalchio durch Handelstätigkeit zu einem sagenhaften Vermögen emporgearbeitet, das er später in Grundbesitz investierte. Den Gästen seines Gastmahls gegenüber prahlte er in ungeschliffener Rede:

„Ich habe zu Handelsgeschäften Lust bekommen. Um euch nicht lange aufzuhalten: fünf Schiffe habe ich gebaut, Wein geladen – und damals wog er Gold auf –, nach Rom geschickt. Es war, als hätte ich's bestellt: alle Schiffe sind gekentert, Tatsache, kein Theater. An einem Tag hat Neptun dreißig Millionen geschluckt: Denkt ihr, ich hätte schlapp gemacht? Weiß Gott, mir ist dieser Schaden egal gewesen, so wie gar nicht geschehen. Ich habe andere machen lassen, größer und besser und einträglicher, so dass keiner da war, der mich nicht einen Leistungsmenschen nannte. Ihr wisst, ein großes Schiff kann Großes leisten. Ich habe wieder Wein geladen, Speck, Bohnen, Parfüm, Sklavenware. An diesem Punkt hat Fortuna [Trimalchios Gattin] ein gutes Werk getan; nämlich ihren ganzen Schmuck, die ganze Garderobe hat sie verkauft und mir hundert Goldstücke in die Hand gedrückt. Schnell kommt, was der Himmel will. Mit einer einzigen Fahrt habe ich zehn Millionen zusammengehamstert. Sofort habe ich alle Grundstücke eingelöst, die meinem früheren Herrn gehört hatten. Ich baue ein Haus, kaufe Knechte ein, Packtiere; was ich anfasste, setzte alles an wie eine Wabe.“[8]

Obwohl hier ohne Frage dick aufgetragen wird, macht der Text doch deutlich, was für Profite im Fernhandel lockten. Die Versorgung der Hauptstadt Rom war ein Bombengeschäft und wer daran Anteil hatte, trug ein hohes Risiko, das sich aber auszahlen konnte. Hinter den Fernhändlern und Spediteuren vom Schlage Trimalchios stand eine gewaltige Infrastruktur, die von Geldgebern über Häfen und Speicher bis hin zur *cura annonae* reichte, jener den kurulischen Ädilen unterstehenden Behörde, die für adäquate Bevorratung der Hauptstadt mit Getreide und die Versorgung des städtischen Proletariats Sorge zu tragen hatte. In puncto Spekulantentum standen die Kreditgeber, die in Rom wie bereits in Athen Fernhandel treibenden Kaufleuten „Seedarlehen“ zu exorbitanten Zinssätzen gewährten, den Händlern in nichts nach. Verschiedene Berufsgruppen verdienten sich am unersättlichen Hunger der Hauptstadtbevölkerung eine goldene Nase.

Dennoch wäre es übereilt, der attischen oder römischen Wirtschaft deshalb das Etikett „modern“ anhängen, gar einen antiken „Kapitalismus“ am Werk sehen zu wollen. Ein Freigelassener wie Trimalchio war zwar arbeit- und genügsam (immerhin ließ er seine Frau Fortuna ihren Schmuck versetzen), zielstrebig und risikofreudig, sobald er aber am Ziel war und ein hübsches Sümmchen eingefahren hatte, ließ er Sekundärtugenden, wie sie den ehernen Kern von Max Webers „protestantischer Ethik“ ausmachten, mit Freuden hinter sich. Gerade kein Bruder im Geiste des frühneuzeitlichen Unternehmers im europäischen Nordwesten, vermehrte er nicht sein Vermögen, um es zu investieren. Stattdessen setzte er sich als Großgrundbesitzer zur Ruhe, gab rauschende Feste und münzte so reales in symbolisches Kapital um: Prestige und Status statt Betriebskapital und Rücklagen. Die „ursprüngliche Akkumulation“ großer Kapitalmengen, die Marx zur historischen Voraussetzung kapitalistischer Produktionsverhältnisse erklärte, konnte mit saturierten Unternehmern vom Typus Trimalchio in der Antike nicht stattfinden.

Hier setzen „Primitivisten“ (wie Bücher und nach ihm Weber, der Wirtschaftswissenschaftler Karl Polanyi und der Althistoriker Moses Finley) mit ihrer Kritik an der „modernistischen“ Deutung antiken Wirtschaftens an. Individuen trieb nicht in erster Linie der Hunger nach immer mehr Kapital, sondern das Streben nach gesellschaftlichem Ansehen um. Für Trimalchio war sein Engagement im Fernhandel nichts weiter als ein Vehikel, um Status zu erlangen, so parvenühaft sich dieser Versuch aus der Perspektive eines Aristokraten wie Petronius ausnehmen mag. Gesellschaften trieben Fernhandel, um ihren Bedarf an Gütern zu decken, die

8 Petronius, Satyricon, 76, Übersetzung Wilhelm Ehlers.

sie nicht selbst produzieren konnten. Dass etwas anderes als die Landwirtschaft die materielle Grundlage eines Volkes sein konnte, wäre weder Griechen noch Römern vermittelbar gewesen.

So überrascht nicht, dass Kaufleute im antiken Hellas und Rom, ganz im Gegensatz etwa zum mittelalterlichen und frühneuzeitlichen Europa, kein übermäßig hohes Ansehen genossen. In Athen waren die in Attika ansässigen Fremden, die Metöken, der wirtschaftlich bei Weitem aktivste Teil der Bevölkerung. Im Imperium Romanum spielten dieselbe Rolle oft Freigelassene wie Trimalchio. Von ihren Elfenbeintürmen sahen die Philosophen der griechischen Klassik und ihre hellenistischen und römischen Epigonen geflissentlich auf all jene herab, die sich für ihren Lebensunterhalt um Lohn verdingten, darunter auch die Händler. Über Geldgier und Besitzstreben mokierten sich schon im 6. Jahrhundert v. Chr. der attische Gesetzgeber Solon und der aristokratische Dichter Theognis von Megara. „Die Landwirtschaft ist am besten, weil sie gerecht ist. Denn sie geht nicht auf Kosten der Menschen, ob die es nun wollen, wie im Handel und bei Lohnarbeit, oder ob sie es nicht wollen, wie im Krieg." – so etwa heißt es im 1. Buch des fälschlich Aristoteles zugeschriebenen *Oikonomikos*.[9] Vom wirklichen Aristoteles stammt zwar eine rudimentäre Theorie der Preisbildung, Fernhandel ließ der Lehrer Alexanders des Großen aber nur gelten, wenn er dem politischen Imperativ, die Selbstversorgung der Polis wiederherzustellen, untergeordnet ist. Und in römischer Zeit hieß Cicero lediglich den Großhandel (*mercatura magna et copiosa*[10]) gut, während der Detailhandel wie das Gewerbe „als schmutzig zu gelten hat". Von hier führt eine gerade Linie zu einem berühmten Satz des Kanonischen Rechts, der aus der Spätantike stammen dürfte, aber im europäischen Mittelalter noch beträchtliche Wirkung entfalten sollte: *homo mercator vix, aut nunquam potest DEO placere.*[11]

Ganz anders über die Bedeutung des Fernhandels dachten offensichtlich die Phönizier und ihre Erben im mediterranen Westen, die Karthager. Bereits Max Weber nannte sie das „erste Handelsvolk" der Weltgeschichte. Tatsächlich war ja im Fall von Tyros die Existenz einer ganzen Stadt auf den Fernhandel abgestellt. Während in Athen, Sparta und Rom jeweils Grundbesitzerklassen das Regiment führten, gab in den phönizischen Stadtstaaten eine Fernhändler-Oligarchie auch politisch den Ton an. In Karthago ging das vermutlich so weit, dass nur Kaufleute überhaupt Vollbürger waren. Sie machten die Stadt zum Sachwalter ihrer kommerziellen

9 Ps.-Aristoteles, Oikonomikos 1343a.

10 Cicero, De officiis I. 42, 4.

11 Decretum Gratiani I, Dist. 88, c. 11 („Der Kaufmann vermag selten oder nie, Gott zu gefallen"). Die Rechtssammlung des Bologneser Kamaldulensermönchs Gratian bildete den Grundstock des *Corpus Iuris Canonici*, des römisch-katholischen Kirchenrechts.

Interessen. Das „Reich", das Karthago Zug um Zug im westlichen Mittelmeer errichtete, war darauf zugeschnitten, Rohstoffquellen mit Absatzmärkten zu verknüpften – und stand damit dem British Empire der Moderne gewiss näher als etwa dem römischen oder osmanischen Imperium. Roms Sieg über Karthago nach drei blutigen Kriegen war, zugespitzt formuliert, auch ein Sieg des aristotelischen *zoon politikon* über den *homo oeconomicus*, der das phönizisch-punische Mittelmeer bevölkerte.

Zu neuen Ufern: Fernhandel jenseits der römischen Grenzen

Bei alledem machte man es sich aber zu leicht, wollte man die Wirtschaft des nun römisch beherrschten Mittelmeerraums einfach als primitiv abtun. Die Getreideversorgung Roms durch die Provinzen, besonders das fruchtbare Niltal in Ägypten; die fortgeschrittene Spezialisierung der mediterranen Landwirtschaft auf bestimmte, regionalspezifische Kulturen; die komplexe Herstellungsweise von Fertigerzeugnissen teilweise auf mehrere Standorte verteilt – all das sind Indikatoren einer hochgradig arbeitsteiligen, vernetzt arbeitenden Ökonomie. Gewiss: Einem Güteraustausch stehen in vorindustriellen Gesellschaften immer technologische Hürden im Weg. Beschränkte Transportkapazitäten, unzureichende Verkehrswege über Land, primitive Fortbewegungsmittel hemmten römische nicht anders als phönizische, griechische oder mittelalterliche Kaufleute. Doch schuf das Römische Imperium politisch, rechtlich und administrativ eine Sphäre, die Mobilität in einer Weise begünstigte, wie sie in der antiken Welt präzedenzlos war.

Vom Atlantik bis zum Euphrat galten dieselben Gesetze, hatte – im Normalfall – derselbe Herrscher das Sagen, durchzog ein dichtes Netz von Straßen in einheitlicher Bauweise das Land. Die römische Welt war, bei allen Unterschieden im Einzelnen, doch einheitlich – zusammengehalten weniger durch Zwang, als vielmehr durch den Willen aller, dazuzugehören: „Die Erde ist allen gemein" – diese Leistung rechnet der griechische Redner Aelius Aristides im 2. Jahrhundert n. Chr. den Römern hoch an. Und er fügt hinzu: „Ihr [die Römer] habt die Tore der bewohnten Welt geöffnet (...), habt allen Menschen universell gültige Gesetze gegeben (...), habt die Ehe zwischen allen Völkern gestiftet und die Welt als einen einzigen Haushalt organisiert."[12] Mag hier eine Menge wohlkalkulierten Überschwangs der Grundton sein – dass sich die Verhältnisse im von den Römern nun mit Fug und Recht *mare nostrum* („unser Meer") genannten Mittelmeer von Grund auf gewandelt hatten, kann niemand ernsthaft bestreiten.

12 Aelius Aristides, Auf Rom 101–102.

Damit aber hatten die Kaufleute ihre Bedeutung als Türöffner weitgehend verloren. Die kommerzielle Diaspora im Mittelmeer hatte sich selbst überlebt. Ein Trimalchio musste, um seine Güter transportieren zu können, kaufmännische und logistische Hürden nehmen, aber er war nicht mehr der Mittler zwischen fremden Welten, als der uns der phönizische Händler der Eisenzeit und noch der griechische Seefahrer in der archaischen Periode begegnet. Und doch gehörte der Kaufmann als Grenzgänger auch in der römischen Kaiserzeit noch längst nicht zum alten Eisen. Der Boom der imperialen Gründerzeit seit dem Ende der Punischen Kriege spülte eine zahlungskräftige Oberschicht nach oben, zu deren Selbstverständnis es gehörte, sich mit exotischen Luxusgütern zu umgeben. Wortreich etwa klagten im 1. Jahrhundert v. Chr. die Dichter Properz und Tibull über den exklusiven Geschmack der römischen Damenwelt: Am liebsten hüllten sich die Vertreterinnen des zarten Geschlechts in sündhaft teure *Tyriae vestes*, Gewänder aus chinesischer Seide, die im phönizischen Tyros mit Purpur gefärbt worden waren. Die feine Gesellschaft würzte ihre Speisen mit Spezereien aus dem Fernen Osten, die mit Gold kaum aufzuwiegen waren. Auf den Altären römischer Götter qualmte Weihrauch, das Harz des in der Arabia Felix (Jemen) wachsenden Weihrauchbaums.

Wie ein Schwamm sog die römische Mittelmeerwelt alles auf, was Importeure aus Indien, China und Südarabien herbeischafften. Der Güteraustausch mit so entlegenen Weltgegenden konfrontierte die Händler mit immensen logistischen Herausforderungen: Wüsten waren zu durchqueren, Gebirge zu überwinden, Ozeane zu durchfahren. Derlei Probleme ließen sich lösen, vorausgesetzt, man scheute weder Kosten noch Risiken: Die Monsunpassage zwischen Arabien und Indien war bereits in hellenistischer Zeit entdeckt worden und ermöglichte den direkten Seeverkehr zwischen den ägyptischen Häfen am Roten Meer und dem Süden des Subkontinents. Karawanen durchquerten die Arabische Wüste und brachten auf der Weihrauchstraße Güter aus Südarabien über die nabatäische Stadt Petra bis ans Mittelmeer. In römischer Zeit, seit ca. 100 n. Chr., verlagerte sich der Handel mit Inner- und Ostasien von der Seeroute weiter nach Norden. Der Haupthandelsweg führte nun durch den Persischen Golf und Mesopotamien, mitten durchs Partherreich, das Rom in jahrhundertelanger inniger Erbfeindschaft verbunden war.

Eine Schlüsselrolle spielte fortan die syrische Oasenstadt Palmyra. Sie lag auf halbem Weg zwischen Euphrat und Mittelmeer, in strategisch denkbar günstiger Position. Formal war Palmyra Teil der römischen Provinz Syria, Rom aber gewährte der Oase eine Autonomie, die im Imperium ohne Beispiel war. Die Stadt selbst, deren eindrucksvolle Ruinen sich bis heute bewundern lassen, war der urbane Nukleus einer Stammesgesellschaft, die weit in die Steppe ausgriff. Tribale Strukturen durchzogen die Stadtbevölkerung und verbanden sie mit den mobilen Teilen der Stämme, die in der Steppe ihr Dasein als Hirtennomaden fristeten. Die tribalen Eliten waren das Scharnier zwischen den Welten: Als Teilzeitnomaden verbrachten die Scheichs einen Teil des Jahres bei den Hirten, die als jederzeit mobilisierbare Reservearmee das militärische Rückgrat Palmyras waren.

Die Stammesführer schwangen sich alsbald zu Paten des transkontientalen Fernhandels auf. Sie nutzten ihre Kontakte zu den Nomaden, um den Karawanen, die Palmyra nun in regelmäßigen Abständen von Osten her erreichten, sicheres Geleit durch die Steppe zu gewähren; und sie ließen ihre Beziehungen zum Partherreich spielen, in dessen Mitte sich bald Palmyrener niederließen, um von hier aus den Warenumschlag entlang von Euphrat und Tigris zu koordinieren. Auch im Partherreich bewahrten sich die Palmyrener bemerkenswerte Unabhängigkeit: In der Stadt Vologesias, unweit der parthischen Hauptstadt Ktesiphon in Mesopotamien, errichteten Kaufleute aus der Oasenstadt einen Tempel für den römischen Kaiserkult; zugleich war ein palmyrenisches Kontingent Bogenschützen in der bis 166 n. Chr. parthischen Grenzstadt Dura-Europos stationiert.

Die römisch-parthische Steppengrenze mit unberechenbaren Stämmen, grenzüberschreitenden kulturellen, politischen und vermutlich sogar familiären Banden und nicht zuletzt ihrem extremen Naturraum war ein Dickicht, in dem sich römische Staatskunst immer wieder totlief. Die Palmyrener aber agierten gerade im Zwielicht mit traumwandlerischer Sicherheit. Von den Gefahren und Schwierigkeiten, die es zu bestehen galt, unterrichten uns die „Karawaneninschriften", die palmyrenische Kaufleute des 2. und 3. Jahrhundert n. Chr. entlang der großen Kolonnade ihrer Heimatstadt aufstellten, um jene mächtigen Scheichs zu ehren, die sich um die Karawanen verdient gemacht hatten. Die meist zweisprachigen (griechisch-aramäischen) Inschriften sind einzigartige Zeugnisse einer Gesellschaft, die – wie die Phönizier in der Eisenzeit – mit dem Fernhandel weit mehr verband als nur die Beschaffung von Gütern aus der Ferne. Für die Palmyrener war der Warenstrom aus dem Osten der entscheidende Lebensnerv, dem die Oase ihren Aufschwung und womöglich ihr gesamtes urbanes Leben verdankte. Wie die Phönizier für die Assyrer, so war das Handelsvolk der Palmyrener für Rom eine „Funktionsethnie", die das Imperium mit Prestigegütern versorgte und im Gegenzug auf handfeste Privilegien hoffen durfte.

Die zweite große Grenze des Imperium Romanum lag im Nordwesten, an Rhein und Donau. Hier trennte der Limes die Provinzen vom freien Germanien, dessen Eroberung die Römer nach der Niederlage des Varus (9 n. Chr.) nur mehr sporadisch und ohne größere Erfolge verfolgten. Er war aber beileibe kein Eiserner Vorhang, sondern ein Grenzsaum, der für kontrollierte Bewegungen von Menschen, Gütern und Informationen durchlässig war. Römische Silbermünzen zirkulierten beiderseits des Limes und hatten denselben wirtschaftlichen Wert. Römische Händler, *negotiatores*, bewegten sich relativ ungehindert unter den Germanen, um ihre Waren feilzubieten: Feinkeramik, edles Metallgeschirr, Glaswaren, Waffen, aber auch Artikel des täglichen Bedarfs wie Eimer, Schöpfkellen, Siebe fanden jenseits von Rhein und Donau offensichtlich reißenden Absatz. Grabfunde dokumentieren, wie hoch sie bei den germanischen Oberschichten im Kurs standen. Im Gegenzug gelangten nach Rom so exotische Waren wie Bernstein und Frauenhaar, aus dem die Armee Stricke für ihre Katapulte anfertigen ließ. Vor allem waren es aber wohl Sklaven, Felle und Fleisch, die das Imperium aus Germanien bezog.

Auch in den Weiten zwischen Rhein und Weichsel waren die Qualitäten von Pionieren gefragt, die Brücken schlugen, Informationen sammelten und Verständigungsschwierigkeiten überwanden. Keiner war für solche Aufgaben besser geeignet als Veteranen der römischen Armee, die aus ihrer aktiven Zeit als Soldaten Land und Leute bestens kannten. So betätigte sich der ehemalige Zenturio Quintus Attilius Primus, dessen Grabinschrift in Ungarn gefunden wurde, als *interprex* (Dolmetscher) und *negotiator*, der mit den Quaden nördlich der Donau Geschäfte machte. Leute wie Primus, die vielleicht ursprünglich selbst aus Germanien stammten und durch ihren Dienst in den Auxiliarverbänden zu Römern geworden waren, versorgten die Verantwortlichen im Imperium auch mit Informationen über das „Barbaricum“, über das man nur dürftige Kenntnisse hatte.

Freilich war Germanien bereits um die Zeitenwende mehr als nur Wald und Sümpfe. Es gab durchaus eine rudimentäre Infrastruktur, auf die römische Händler zurückgreifen konnten. Die einheimische Bevölkerung trieb sesshaften Ackerbau und wohnte, seit dem Niedergang der eisenzeitlichen Oppida, proto-städtischer Großsiedlungen, in Weilern, die teilweise auch Funktionen zentraler Orte hatten. Verbunden waren wenigstens die größeren Siedlungen durch ein grobmaschiges Netz von Fernwegen. Die Römer begannen in augusteischer Zeit damit, Militärlager entlang von Lippe und Lahn anzulegen. Um größere Kastelle wie Haltern und Waldgirmes lagerten sich bald zivile Siedlungen mit Märkten, auf denen Römer und Germanen Handel trieben. Zwar verschwanden die Lager nach der verlorenen Schlacht im Teutoburger Wald abrupt, doch die einmal geknüpften Handelskontakte überdauerten den partiellen Zusammenbruch der Infrastruktur. Den Limes säumten bald zu beiden Seiten Handelsposten, in denen Güter in großem Stil umgeschlagen wurden. Am grenzüberschreitenden Verkehr wirkten auch germanische Händler mit, die Städte in den römischen Provinzen besuchten und dort ihre Waren feilboten.

Die Mobilität von Gütern, Menschen und Waren brachte den Menschen, die daran Teil hatten, in der Bilanz große Vorteile: Während vom großräumigen Austausch weitgehend unberührte Gebiete wie Schwarzafrika südlich der Sahara, Australien und Amerika Wandel nur in sehr langsamen Rhythmen erlebten, machten der antike Mittelmeerraum und Eurasien insgesamt zwischen 1200 v. Chr. und 500 n. Chr. eine stürmische Entwicklung durch, die seit der Zeitenwende auch periphere Räume wie den europäischen Nordwesten erfasste. Das Römische Imperium, das den zum Froschteich geschrumpften Mittelmeerraum gut 600 Jahre lang beherrschte, zahlte aber auch einen hohen Preis: Indien und China hatte Rom im Tausch für Luxuswaren wie Seide und Gewürze wenig anzubieten. Deshalb flossen beständig große Mengen Edelmetalle gen Osten ab, was in dem Moment zum Problem wurde, als die Bergwerke des Reiches nicht mehr für Ersatz sorgen konnten. Der permanente Kaufrausch römischer Oberschichtdamen mag deshalb sein – freilich wohl bescheidenes – Quantum zur Finanzkrise Roms im 3. Jahrhundert n. Chr. beigetragen haben.

Gravierender wirkte sich aus, dass die Stämme Germaniens durch den gerade auch über Handel vermittelten Kontakt mit Rom in eine Phase beschleunigten Wandels eintraten, in dessen Verlauf hochmobile Völker in Waffen, die charismatischen Heerkönigen bedingungslose Gefolgschaft leisteten, allmählich die sesshaften Agrargesellschaften ablösten. Sie waren, seit Markomannen und Quaden 166 n. Chr. zum ersten Mal gegen die römische Donaugrenze anrannten, eine große, auf Dauer nicht zu bestehende Herausforderung für die römische Staatskunst. In der – durch Fernhandel beschleunigten – Transformation der barbarischen Gesellschaft Nordwesteuropas liegt deshalb ein wesentlicher Schlüssel zum Verständnis des Zusammenbruchs, den die antike Mittelmeerwelt um 500 n. Chr. erlitt. Handel und Wandel kamen damit, wie schon um 1200 v. Chr., nicht vollständig zum Erliegen. Aber für weite Teile Europas brach, ebenfalls wie 1700 Jahre zuvor, ein neues „Dunkles Zeitalter“ an. Platons Froschteich war unwiederbringlich Geschichte.

II. Jenseits von Hellas und Rom: Die phönizisch-punische Mittelmeerwelt

Klio, die Muse der Geschichte, meinte es nicht gut mit den Phöniziern. Vom einstmals reichen Bestand phönizischer und punischer Literatur ist praktisch nichts auf uns gekommen. Anders als ihre bronzezeitlichen Vorfahren schrieben die Phönizier nicht auf Ton, sondern auf vergänglichem Material, und kein trockenes Wüstenklima konservierte - wie in Ägypten - Schriftrollen aus Papyrus oder Pergament. Uns bleibt deshalb keine Wahl, als die Phönizier und ihre nordafrikanischen Stammverwandten, die Karthager, mit den Augen von Griechen und Römern zu sehen - jenen Griechen und Römern, die erst von ihnen elementare Kulturtechniken wie das Alphabet empfingen, dann zum phönizischen Fernhandel in Konkurrenz traten und schließlich nach drei blutigen Kriegen das mächtige Karthago vom Erdboden tilgten. Ein wertfreies Urteil, *sine ira et studio*, wird man von griechischen und römischen Autoren nach alledem nicht erwarten dürfen.

Doch nicht nur die Überlieferungssituation erschwert den historischen Brückenschlag zu den Phöniziern. 200 Jahre einer verwickelten Forschungsgeschichte machen uns die levantinischen Handelsherren noch fremder, als sie es ohnehin schon sind. Der Altphilologe Ulrich von Wilamowitz-Moellendorff führte die Phönizier unter: die „seit Jahrhunderten faulenden völker und staaten der Semiten".* Er stand mit seinem Verdikt nicht allein. Einer am klassischen Kanon orientierten Altertumswissenschaft, die sich obendrein noch in wachsendem Maß den „rassischen" Denkkategorien des Zeitgeists beugte, waren die semitischsprachigen Völker des östlichen und südlichen Mittelmeerraums im günstigsten Fall „Randkulturen" - im ungünstigsten waren sie, in den Worten des Wiener Althistorikers Fritz Schachermeyr, „Rassefremde", welche die „indogermanische Antike" mit „Entnordung" und „Subversion" bedrohten.

Zurück zu den Phöniziern

Will man zurück zu den Phöniziern der eisenzeitlichen Levante und ihren Erben, den Karthagern, so muss man sich eine Bresche schlagen durchs Dickicht moderner Mutmaßungen und antiker Vorurteile. Man muss mit

* U. v. Wilamowitz-Moellendorff: Homerische Untersuchungen, Berlin 1884, 215.

Bedacht an die Texte herangehen, die uns die Phönizier aus der Außenperspektive ihrer Nachbarn schildern, neben den homerischen Epen vor allem einige Bücher des Alten Testaments und literarische Zeugnisse aus Ägypten. Sie alle werfen ihre eigenen Probleme auf. Vor allem sind sie, auch wenn sie sich mitunter so geben, keine historiographischen Berichte.

Nicht weniger Behutsamkeit erfordern die archäologischen Zeugnisse. Auch sie sind dünn gesät. Die Städte des phönizischen Mutterlands sind, in Antike, Mittelalter und Moderne, hundertfach überbaut worden. Bis heute sind die libanesischen Städte Tripolis, Byblos, Sidon und Tyros bedeutende Zentren, Beirut ist eine Millionenstadt. So hat nur weniges aus der Eisenzeit, die an der Levante von ca. 1200 bis ca. 600 v. Chr. währte, überdauert. Die bedeutendsten materiellen Überbleibsel sind der Eschmun-Tempel in Sidon und die Handwerkerstadt Sarepta, im südlichen Libanon, die immerhin Aufschluss über phönizisches Gewerbe gibt.

Besser ist die Situation in den westlichen Mittelmeerrandgebieten, die Phönizier und Karthager auf ihrer kolonialen Expansion erschlossen. Karthago selbst, eine Kolonie von Tyros, verschwand, als Scipio Aemilianus die Stadt am Ende des 3. Punischen Krieges eroberte und zerstörte, unter einer dicken Ascheschicht (146 v. Chr.). Im Zuge der römischen Neugründung des 1. Jahrhunderts v. Chr. wurden weite Teile der Ruinenlandschaft eingeebnet. Dennoch konnten Grabungen manches vom punischen Karthago zutage fördern: neben Keramik und Gegenständen aus Metall vor allem die punischen Nekropolen mit ihren zu Tausenden zählenden Inschriften, die Hafenanlagen und eine Anzahl von Tempeln, darunter das den karthagischen Hauptgöttern Baal Hammon und Tanit geweihte *tofet*.

Für die Erforschung der phönizisch-punischen Welt wichtiger noch als die Überreste Karthagos sind andere Zentren der phönizischen Expansion in Übersee: in Tunesien und Marokko, Spanien, auf Sardinien und Sizilien. In Kerkouane an der Küste Tunesiens hat sich eine punische Stadt mit ihren Wohn- und Handwerkervierteln, ihren Heiligtümern und Gräbern so gut erhalten, dass ihr eine Fülle von Informationen zu Alltagsleben, Wirtschaft und Gesellschaft Nordafrikas unter karthagischer Hegemonie zu entnehmen sind. Die kleine Insel Mozia vor der Westküste Siziliens hat mit sensationellen Funden aufzuwarten, darunter die Statue des „Jünglings von Mozia", die einen Angehörigen der lokalen *jeunesse dorée* zeigt, aber sicher aus der Werkstatt eines griechischen Bildhauers stammt. In der Statue gewinnt das oft spannungsreiche, kulturell aber durchaus fruchtbare Nebeneinander von Puniern, Griechen und Einheimischen auf der Mittelmeerinsel Gestalt.

Die Zeugnisse phöniko-punischer Zivilisation im westlichen Mittelmeerraum geben, eindrucksvoll und zahlreich, wie sie sind, zu denken. Fragen drängen sich auf: Woher nahm eine Handvoll sogar nach antiken Maßstäben kleiner Städte zu Füßen des Libanon-Gebirges die Energie, das

„Jüngling von Mozia": Die vermutlich im 5. Jahrhundert v. Chr. entstandene Statue wurde 1979 entdeckt.

technologische Wissen und das ökonomische Potenzial, weite Teile des Mittelmeerbeckens nicht nur kommerziell zu erschließen, sondern auch ganzen Landstrichen kulturell ihren Stempel aufzudrücken? Was war das Geheimnis der phönizisch-punischen Erfolgsgeschichte, die zwar der noch strahlendere Siegeszug der griechisch-römischen Doppelzivilisation auf lange Sicht verdunkelte, die aber dem Werden der griechischen *polis* immerhin um Jahrhunderte vorausging?

Eine Welt im Wandel

Wer die Ursachen der phönizischen Expansion ergründen will, muss weit hinter den punisch-römischen Konflikt, die Blütezeit Karthagos und sogar die Gründung der tyrischen Kolonie zurückgehen. Die Anfänge des Prozesses, der die phönizischen Kaufleuten zu quasi-Monopolisten des transmediterranen Fernhandels machte, gehen weit in die Bronzezeit zurück, als einige wenige Großmächte den Gang der politischen Geschichte am Ostrand des Mittelmeers bestimmten. Die Mächtigen dieser Welt waren der Großkönig des hethitischen Reiches mit Zentrum in Anatolien und der ägyptische Pharao. Die Einflusssphären der beiden Mächte kollidierten in Syrien, das einem Flickenteppich kleiner und kleinster Fürstentümer glich. Die Herrscher in Hatti und Ägypten verpflichteten ihre syrischen Vasallen zu Loyalität und regelmäßigen Abgaben. Wer das Heft in der Hand hielt, daran ließen sie keinen Zweifel: Jährlich entsandten Hethiter und Ägypter ihre Steuereintreiber; wer seinen Gefolgschaftseid brach oder die Tribute verweigerte, bekam die militärische Macht der Zentrale zu spüren. In der Regelung ihrer inneren Angelegenheiten indes redete den „kleinen" Königen Syriens und Palästinas niemand hinein. Kehrseite der hierarchischen Unterordnung war lokale Autonomie, die Großmächte begnügten sich in weiser Selbstbeschränkung mit indirekter Herrschaft.

Rückgrat des spätbronzezeitlichen Systems waren hierarchisch gestaffelte Großhaushalte, die „Paläste", die Überschusserträge aus der landwirtschaftlichen Produktion einsammelten und an Heere von Spezialisten verteilten. Im wirtschaftlichen Austausch galten, von der lokalen bis zur „internationalen" Ebene, nicht die Gesetze des Marktes, sondern die Regeln einer verwalteten Ökonomie, ungeschriebene soziale Normen und Ideen darüber, was recht und billig war. In der Vorstellung der Zeitgenossen waren es die „großen" Könige Hattis und Ägyptens, deren Prestige alles überstrahlte und denen die „kleinen" Könige vor Ort ihre Herrschaft, ja ihr Leben verdankten.

Die Grundlagen des Systems schienen auf alle Zeit gesichert, als die Flügelmächte Hatti und Ägypten über eine verlustreiche Schlacht im syrischen Kadesch (ca. 1275 v. Chr.), in der Ramses II. nur mit knapper Not eine ägyptische Niederlage abwenden konnte, zu einem vertraglichen Ausgleich fanden. Die Levante war nun nicht mehr Spannungs- und Schlachtfeld zwischen zwei rivalisierenden Großmächten, sondern wirtschaftliches Scharnier einer Achse, die von der Ägäis bis nach Nubien reichte. Der Frieden indes war trügerisch. Ein dreiviertel Jahrhundert nach der Schlacht von Kadesch versank, um oder kurz nach 1200 v. Chr., das scheinbar so fest gefügte bronzezeitliche System in Schutt und Asche. Das Hethiterreich verabschiedete sich sang- und klanglos von der politischen Bühne, Ägypten rettete seine staatliche Kontinuität, behielt aber die Kontrolle über seine syrisch-palästinischen Besitzungen nur der Fiktion nach. Tatsächlich machten sich neue Mächte in der Levante breit.

Was war geschehen? Die Forschung hat den spektakulären Zusammenbruch der bronzezeitlichen Großmächte lange Zeit mit einer einzigen, weit ausgreifenden Wanderung erklärt: den Invasionen der sogenannten Seevölker, von denen uns ägyptische Texte berichten. Sie hätten, mit der Wucht eines Orkans, die bronzezeitlichen Strukturen hinweggefegt und ein weit dynamischeres, fragmentierteres System an ihre Stelle gesetzt. Wohl sind Wanderungen in der Zeit um 1200 v. Chr. nachweisbar, doch nicht als mächtige, alles verschlingende Welle, sondern vielmehr als Prozess der langen Dauer. Auch kamen die Völkerschaften, mit denen sich Ägypter und Hethiter konfrontiert sahen, wohl nicht aus allzu großer Ferne. Viel spricht dafür, dass sie schon immer in der Levante ansässig waren und durch systembedingte Unzulänglichkeiten – namentlich wohl die immer drückender werdenden Abgaben – an den Rand gedrängt wurden und sich gegen ihre Herren erhoben. Erste Opfer wurden vielfach die „kleinen" Könige vor Ort, deren Hilferufe an die Großmächte meist ungehört verhallten.

Die Macht- und Siedlungsstruktur der Region wurde gründlich umgekrempelt. Städte verschwanden, andere verloren ein Großteil ihrer Bevölkerung, während früher unbedeutende Dörfer zu neuer Größe aufstiegen. Neue, „ethnische" Gruppen traten in Erscheinung: die Aramäer Nord- und Innersyriens, die Philister in der südlichen Levante und die Hebräer im palästinischen Binnenland. Dazwischen behaupteten sich einzelne Städte, deren Bewohner sich „Kanaanäer" nannten. Ein kompakter Riegel „kanaanäischer" Städte überlebte im Küstenabschnitt zwischen Nordsyrien und Palästina: die phönizischen Küstenstädte.

Kontinuität und Innovation

In einem Meer des Umbruchs und des Neubeginns waren die phönizischen Städte Inseln der Kontinuität. Der Name „Phönizier" – abgeleitet wohl von dem in der Levante aus der Murex-Schnecke gewonnenen und von den Phöniziern verarbeiteten Purpur – stammt nicht von ihnen selbst, sondern von den Griechen. Die Phönizier nahmen sich, ungeachtet eines gewissen kulturellen und sprachlichen Zusammengehörigkeitsgefühls, kaum als „Nation" wahr. Bezugspunkt ihrer politischen Identität war, kaum anders als in Hellas, stets die eigene Stadt. Die beiden größten von ihnen, Sidon und Tyros, rivalisierten Jahrhunderte um die wirtschaftliche und politische Vormachtstellung, und oft standen sie einander in feindlichen Allianzen gegenüber.

Wie viel sich seit den Tagen Ramses' II. verändert hatte, dokumentiert um 1050 v. Chr. der Bericht eines hohen ägyptischen Beamten, der mit einem Handelsschiff die Levanteküste abfuhr, um Zedernholz zu beschaffen. Mag auch der „Bericht des Wenamun" – so der Name des ägyptischen Gesandten – literarische Fiktion sein, das Bild, das der Text von den zeitgenössischen Verhältnissen zeichnet, dürfte der Wahrheit ziemlich nahekommen. Wenamun, der mit dem Habitus des Kolonialherrn von Sekerbaal, dem König von Byblos, die Herausgabe des wertvollen Holzes verlangt, holt sich eine demütigende Abfuhr. Aus der Reaktion Sekerbaals spricht das neue Selbstbewusstsein der phönizischen Hafenstädte: Wohl war er bereit, die Stämme im Libanon schlagen zu lassen, doch verlangte er handfeste Gegenleistungen. Wenamun, der mit leeren Händen gekommen war, musste eigens aus Ägypten Waren zum Tausch herbeischaffen lassen.

Der Handel mit Rohstoffen wurde zur Initialzündung einer kommerziellen Aktivität, die bald die gesamte bekannte Welt umspannte. Die Phönizier besaßen weder fruchtbaren Ackerboden noch Arbeitskräfte in nennenswertem Umfang, aber sie verfügten über das Know-how der Bronzezeit und neue Kulturtechniken wie Alphabetschrift, Eisentechnologie, Fertigkeiten in Navigation und Schiffbau. Sie kompensierten fehlende Quantität durch Qualität, und sie machten sich ihre Lage an der Nahtstelle der Handelswege, zwischen Mittelmeer und Vorderasien, zunutze. Bald war der gesamte Vordere Orient ihr Absatzgebiet, und phönizische Seefahrer erschlossen Rohstofflager und Märkte rund ums Mittelmeer, bis nach Spanien und Marokko. Phönizier importierten Silber aus Spanien, stellten in arbeitsteilig organisierten Gewerbebetrieben im Mutterland daraus hochwertiges Prunkgeschirr her, mit dem sie einen schwunghaften Prestigegüterhandel in der gesamten Alten Welt aufzogen. Phönizier handelten mit Hölzern, Metallen, Agrarprodukten, Sklaven und vor allem mit Luxusartikeln. Die von „sidonischen Frauen" fabrizierten Gewänder fanden ihren Weg in die Epen Homers, das Alte Testament weiß von phönizischen Handwerkern zu berichten, die an Salomos Tempelbau mitwirkten. Noch die augusteischen Dichter Properz und Ovid rühmten phönizische Purpurstoffe, die man in der feinen Gesellschaft Roms schätzte.

Die phönizische „Weltwirtschaft" zog immer weitere Kreise. Expandierende Märkte und ein wachsendes Handelsvolumen ließen die Produktion in den Städten des Mutterlands anschwellen; mit ihr wuchs der Materialbedarf und die Nachfrage nach Arbeitskräften. Die städtische Bevölkerung nahm zu, der Nahrungsmittelbedarf schnellte empor. Nahrungsmittel- und Rohstoffbedarf wiederum ließen sich nur auf dem „Weltmarkt" decken, das Handelsvolumen wuchs erneut. Unaufhörlich schien sich die Spirale emporzuschrauben. Hinzu kam die Dynamik politischer Prozesse: Alte Mächte verschwanden, neue tauchten auf. Mit ihnen gruppierten sich die Märkte fortwährend um.

Zum das politische Firmament Vorderasiens überstrahlenden Stern wuchs im 8. Jahrhundert v. Chr. das Neuassyrische Reich heran. Scheinbar nicht zu bremsen war sein Vormarsch nach Westen, zum Mittelmeer und zum Nil. Sein Verhältnis zu den phönizischen Küstenstädten war ambivalent: Zwar brachen die Assyrer jeden Widerstand gegen ihren Machtanspruch mit brachialer Gewalt, doch war der phönizische Fernhandel, durch den Prestigegüter ins Reich strömten, für sie unentbehrlich. Sie beließen deshalb den Städten gerade so viel Autonomie, wie sie zur Abwicklung ihres Handels benötigten. Für die Phönizier ein zweischneidiges Schwert: Obwohl es die Phönizier bedrängte und zu hohen Abgabeleistungen zwang, bot das Neuassyrische Reich ihrem Handel doch auch eine befriedete Ruhezone mit einem Maximum an Sicherheit – und damit einen gigantischen Absatzmarkt.

„The flag follows the trade"

Unter den Assyrern erreichte der phönizische Mittelmeerhandel seinen historischen Kulminationspunkt. Die Zeiten der gelenkten Palastwirtschaft waren endgültig vorbei. Im Fernhandel etablierte sich ein freies Unternehmertum, das von den Gewinnspannen im Zwischenhandel lebte – und das nicht schlecht: Der Prophet Jesaja spricht von den Kaufleuten der Stadt Tyros, „die wie Fürsten auftraten". Kaum überraschend mischten die erfolgreichen Fernhändler mehr und mehr auch im politischen Geschäft ihrer Städte mit. Wie die Hansestädte des europäischen Mittelalters waren die eisenzeitlichen Levantestädte vor allem politische Interessenvertretungen ihrer Kaufmannschaften.

Die im Fernhandel lockenden Gewinnchancen bewogen eine Anzahl von Händlern dazu, sich ganz in der Fremde niederzulassen. So entstanden – den Anfang machte im 10. Jahrhundert v. Chr. Zypern – allenthalben phönizische Faktoreien, die sich an vorhandene Siedlungen der einheimischen Bevölkerung anlehnten. Wie groß der Bevölkerungstransfer zahlenmäßig war, ist kaum sicher abzuschätzen. Sehr bedeutend kann er nicht gewesen sein. Wichtiger war, dass die Lebensweise der Siedler aus Übersee für die lokale Bevölkerung vorbildhaft wurde: Akkulturation machte sie, gleichsam im Adoptionsgang, zu Phöniziern. So entstand kein „Kolonialreich" im eigentlichen Sinn, aber phönizische Kultur fasste rund um das Mittelmeer Fuß und wurde – neben der griechischen – zu einer die antike Mittelmeerwelt prägenden Einflussgröße.

Eine Sonderentwicklung nahm Karthago, die wohl um 800 v. Chr. gegründete Tochterstadt von Tyros. Der Gunst seiner Lage auf halber Strecke zwischen dem westlichen und dem östlichen Rand des Mittelmeers und inmitten eines landwirtschaftlich immens fruchtbaren Raums verdankte es seine Rolle als rasch wachsender Brennpunkt des phönizischen Fernhandels, in dem viele Stränge des weit gespannten Netzes zusammenliefen. Erst Karthago reifte nicht nur zum ökonomischen, sondern auch zum politischen Faktor, der seinen kommerziellen Interessen – vor allem in Rivalität zu den Griechenstädten Unteritaliens und Siziliens – auch militärisch Nachdruck verlieh. Die Karthager versuchten – erfolglos – die Gründung Marseilles durch die Phokaier zu vereiteln (ca. 600 v. Chr.), in mehreren Etappen rangen sie den Griechen Boden in Westsizilien ab (seit ca. 550 v. Chr.) und setzten sich auf Sardinien (ca. 545–535 v. Chr.) sowie später (seit 229 v. Chr.) in Spanien fest. Hannibals Urahnen überzogen nicht zielstrebig fast den gesamten mediterranen Westen mit ihrer Herrschaft, vielmehr bauten sie ihr Imperium als Notbehelf, um ihren Lebensnerv, den Fernhandel, gegen immer stärker werdende Konkurrenz abzusichern.

Der kommerziellen Orientierung der gesamten Gesellschaft entsprachen die Institutionen, welche die Karthager von ihren phönizischen Vorfahren übernahmen und weiterentwickelten. Wie in der Mutterstadt Tyros, so hielten auch in Karthago die reichen Fernhändler die Fäden in der Hand – anders als in Griechenland und Rom, wo sich die politischen Eliten aus Grundbesitzern rekrutierten. Die Kaufleute hatten sich oligarchisch organisiert und dominierten die politisch tonangebenden Gremien und Magistraturen. Klassische Autoren wie Aristoteles, Polybios und Cicero hatten keinerlei Schwierigkeit, die politische Nomenklatur der Karthager in ihre eigene Terminologie zu übersetzen. Phönizier und Karthager, wiewohl fremd, teilten mit Griechen und Römern ein Fundamentalcharakteristikum politischer Organisation: die sich selbst verwaltende Bürgergemeinde der Freien und Gleichen. Ihr, noch vor den Griechen, in Abkehr von den zentralistischen Strukturen der Bronzezeit zum Durchbruch verholfen zu haben, ist vielleicht die imposanteste historische Leistung der Phönizier. Nicht von ungefähr kam Europa, auf dem Rücken des Stieres, aus Tyros nach Griechenland.

III. Sohn des Stiers: Attalos I. und Pergamons Aufstieg zur hellenistischen Mittelmacht

„Sie legten damals den Grund zu einer politischen Stellung, die überaus schnell von eigentümlicher Bedeutung wurde; in wenigen Jahren fand Attalos die Gelegenheit, das Diadem zu gewinnen, auf das sein ganzer Ehrgeiz gerichtet war.“[13] So schrieb, vor mehr als 150 Jahren, Johann Gustav Droysen, der den Begriff „Hellenismus“ in die Forschung eingeführt hat und mit seiner dreibändigen *Geschichte des Hellenismus* Maßstäbe für die gesamte historische Literatur der Moderne gesetzt hat.

Attalos, das ist Attalos I. (269–197 v. Chr.), der Erste seines Geschlechts, der den Königstitel trug; „sie“, das sind die Pergamener, über die er herrschte. Der „Grund“, den Attalos Droysen zufolge gelegt hatte, war eine Serie von Siegen, die er kurz nach Herrschaftsantritt 241 v. Chr. über die Galater errungen hatte, die seiner Stadt zuvor regelmäßig Tribute abgepresst hatten. Tatsächlich war der Erfolg, den der junge König gegen die kriegerischen Nachbarn Pergamons verbuchen konnte, nicht nur Grund genug für Attalos, den Königstitel anzunehmen, sondern auch der entscheidende Faktor, der seinem bescheidenen Reich zum Durchbruch auf der Bühne der großen Politik verhalf.

Im Schatten der Großmächte

Für das Verständnis von Pergamons Aufstieg von einem muffigen Provinznest zur hellenistischen Mittelmacht ist ein Blick auf die Verhältnisse im hellenistischen Kleinasien und die politische Großwetterlage der Epoche unerlässlich. Im Frühjahr 334 v. Chr. hatte Alexander der Große den Hellespont überschritten und damit den von seinem Vater Philipp II. geplanten Perserkrieg eröffnet. Am Fluss Granikos siegte er über das Heer des persischen Satrapen und bis zum Herbst des folgenden Jahres hatte er ganz Kleinasien in der Hand.

Kleinasien: Das Land zwischen Schwarzem Meer, Mittelmeer und Tau-

13 J. G. Droysen, *Geschichte der Epigonen* (*Geschichte des Hellenismus*, Bd. 2), Gotha ²1877, 409.

Rekonstruktion der 133 v. Chr. von Attalos III. an die Römer vererbten Stadt Pergamon, R. Bohn, 1888.

rus war damals schon seit Urzeiten eine Kontaktzone zwischen Kulturen, zwischen Orient und Okzident, zwischen griechisch geprägten Städten an den Küsten und Bergstämmen des Binnenlandes. Kolonisiert von Griechen, beherrscht von Persern, besucht von Händlern aus aller Welt, war Anatolien Ausgangspunkt wichtiger Innovationen – des gemünzten Geldes etwa oder der durch ein rechtwinkliges Straßenraster erschlossenen, systematisch geplanten Stadt, ja selbst, dank Homer, der griechischen Literatur –, zugleich aber auch ewiger Zankapfel zwischen den großen Mächten: Hethitern und Ägyptern in der Bronzezeit, später, im 5. Jahrhundert v. Chr., Athenern und Persern.

Als Alexander 323 v. Chr. in Babylon das Zeitliche segnete, brach der Streit um Kleinasien und die strategisch wichtigen Meerengen von Hellespont und Bosporus von Neuem aus. Theoretisch blieb das nach innen noch nicht gefestigte Reich Alexanders eine Einheit, doch faktisch kochte bald jeder der vielen Satrapen und Generale sein eigenes Süppchen. In Kleinasien überschnitten sich die Einflüsse von gleich mehreren dieser Diadochen genannten „Nachfolger“: Antigonos I., genannt Monophthalmos („der Einäugige“), beherrschte Phrygien und Lykien, der Grieche Eumenes von Kardia Kappadokien und Lysimachos Thrakien, von wo er beständig nach Anatolien hinüberschielte.

Zunächst erwies sich Antigonos als der Stärkste: Ihm gelang es, Eumenes aus Anatolien zu verdrängen und praktisch den gesamten asiatischen Teil des Alexanderreichs in seine Gewalt zu bringen. Damit jedoch provozierte er den geschlossenen Widerstand der noch verbliebenen Diadochen.

Die Allianz der Gegner warf Antigonos zuerst auf Kleinasien zurück; schließlich fiel der „Einäugige" in der Schlacht von Ipsos (301 v. Chr.), in der die Koalition aus Lysimachos und Seleukos, der inzwischen ganz Vorderasien kontrollierte, einen entscheidenden Sieg errang. Das nördliche Kleinasien fiel so an Lysimachos, dessen Herrschaftsbereich sich nun zu beiden Seiten der Meerengen ausdehnte.

Doch auch Lysimachos' Herrschaft über Kleinasien war nicht von Dauer. Auf dem Kurupedion in Lydien unterlag der 80-jährige Kämpe 281 v. Chr. dem Rivalen Seleukos, der nicht zögerte, Anatolien seinem gigantischen Machtblock in Vorderasien einzuverleiben. Dass allerdings Erobern und Beherrschen zwei Paar Schuhe sind, mussten die Seleukiden in Kleinasien auf die schmerzhafte Art erfahren: Überfordert von den vielen Krisenherden in ihrem Riesenreich, besaßen sie nicht die Kraft, um die seleukidische Herrschaft an der Peripherie auch effizient durchzusetzen. Deshalb verkam Kleinasien im 3. Jahrhundert v. Chr. zum Machtvakuum, in dem lokale Akteure und auswärtige Mächte ein vielstimmiges, von Kakophonien übertöntes Konzert zum Besten gaben.

Ewige Rivalen der Seleukiden in und um Kleinasien waren die Ptolemaier, deren Kernreich in Ägypten lag. Sie besaßen Außenposten auf den Ägäis-Inseln und entlang der anatolischen Küste, die sie seit ca. 290 v. Chr. systematisch erweiterten, bis fast der gesamte Küstenstreifen von Samos bis Kilikien auf ihr Kommando hörte. An den Küsten von Schwarz- und Mittelmeer florierten die griechischen Poleis, Stadtstaaten, die sich, wie einst mit persischer, jetzt mit seleukidischer und ptolemaiischer Oberherrschaft gut zu stellen wussten. Außenpolitisch waren sie auf den Kurs ihrer Suzeräne eingeschworen, aber im Innern erfreuten sie sich weitreichender Autonomie. Die Institutionen der Polis, ihr Bürgerrecht, ihre Gesetze und ihr Landgebiet, die *chora*, all das blieb von den Machtverhältnissen im Großen unberührt.

Die Poleis mochten auf ihren angestammten Autonomierechten bestehen: Im Großen und Ganzen waren sie verlässliche Partner der hellenistischen Monarchen, die bei der Durchsetzung ihrer Herrschaft wertvolle Dienste leisteten. Ganz anders war es um das Binnenland bestellt. Große Teile Anatoliens waren von Stämmen bewohnt, die meist Hirtennomaden waren oder gerade eben ins Stadium der Sesshaftwerdung eintraten. Das Chaos der Diadochenkriege und das Machtvakuum der frühen Seleukidenzeit nutzten hier charismatische Führerpersönlichkeiten, um sich zu Territorialherrschern – und später zu Königen hellenistischen Gepräges – aufzuschwingen. So entstanden die Königreiche Bithynien, Pontos und Kappadokien, die den Norden und Osten der anatolischen Halbinsel einnahmen.

Eine eigene Bewandtnis hatte es mit den Galatern, die ursprünglich als Söldner nach Kleinasien gekommen waren. Der bithynische König Nikomedes I. hatte die Angehörigen keltischer Stämme 278 v. Chr. nach Anatolien gerufen, weil er Soldaten im Krieg gegen seinen Bruder Zipoites brauchte. Die Galater kamen mit Sack und Pack, insgesamt an die 35 000 Mann. Bald geriet das Söldnerheer außer Kontrolle: Statt sich nach erfülltem Auftrag zurückzuziehen, marschierten die Kelten plündernd und marodierend durch Kleinasien. 275 v. Chr. schlug sie der Seleukidenkönig Antiochos I. in der sogenannten Elefantenschlacht, doch erledigt war das Galaterproblem damit nicht. Zwar siedelten sich die einstigen Söldner auf ihnen zugewiesenem Land in Zentralanatolien an. Doch bildeten ihre vier Stämme, inmitten des anatolischen Hochlands, eine Parallelgesellschaft, die starr an ihren Traditionen festhielt und auch nicht davor zurückschreckte, die benachbarten Städte zu tyrannisieren und ihnen Gelder abzupressen: „Die Furcht vor ihnen war so groß, dass sogar die syrischen Könige (die Seleukiden) bereit waren, ihnen Tribut zu zahlen“, berichtet der römische Geschichtsschreiber Livius.[14] Wenn sie an die Galater dachten, saß den Griechen die Angst im Nacken: „Frohlocken wird die berserkerhafte Schar der Gallier; und gesetzlos werden sie Asien verheeren“, zitiert Pausanias aus einem Orakel, das angeblich die Zerstörungen schon vorab prophezeit hatte.[15]

Der Retter

Kein Wunder also, dass es für Aufsehen sorgte, als Attalos, kaum hatte er 241 v. Chr. die Herrschaft über Pergamon von seinem Vetter Eumenes geerbt, den Barbaren den Geldhahn zudrehte. Ein so erleichtertes wie anerkennendes Raunen ging durch die Griechenstädte Kleinasiens, als Attalos einige Jahre später, am Fluss Kaïkos, die Tolistoagier, einen der vier Galaterstämme, schlug. Um 230 v. Chr. besiegte er sie abermals, gemeinsam mit den ebenfalls galatischen Tektosagen. Mit von der Partie war diesmal auch ein Heer, das Antiochos Hierax, einem seleukidischen Thronprätendenten, gehorchte. Antiochos verfolgte den Plan, mithilfe der Galater Kleinasien zu seinem Aufmarschgebiet gegen seinen Bruder Seleukos II. zu machen. Attalos vereitelte dieses Vorhaben und durchkreuzte so Antiochos' Ambitionen auf den seleukidischen Thron.

Attalos' Coup hatte Pergamon urplötzlich zu einem Faktor gemacht, mit dem zu rechnen war. „Der erste von allen Bewohnern Asiens, der es wagte, die Zahlung (an die Galater) zu verweigern, war Attalos“, vermerkt Livius respektvoll.[16] Und auch Pausanias' Orakel weiß von dem Retter:

14 Livius XXXVIII. 16, 13.
15 Pausanias X. 15, 3.
16 Livius XXXVIII. 16, 14.

Zeugnis des Triumphs: Der „sterbende Gallier" dokumentiert Attalos' Sieg über die Galater. Rom, Kapitolinische Museen.

„Denn recht bald wird der Sohn des Kronos (Zeus) ihnen (den Griechen) einen Helfer schicken, den teuren Sohn des Stiers, großgezogen von Zeus: Er wird über alle Gallier (Galater) einen Tag der Vernichtung bringen."[17] Der zeusgesandte „Sohn des Stiers" war niemand anderer als Attalos, dessen Tat ihn wahrhaftig göttlicher Abstammung verdächtig machte.

Der pergamenische Herrscher zögerte keinen Moment, den Triumph politisch auszuschlachten. Er ließ sich *Soter*, der „Retter", nennen und trug fortan das Diadem eines Königs. Ganz im Stil hellenistischer Könige verstand er es, seine Siege auch im Stadtbild von Pergamon angemessen in Szene zu setzen. Seinem Repräsentationswillen verdankt ein so bemerkenswertes Kunstwerk wie die schon fast beängstigend realistische Skulptur eines sterbenden Galliers ihre Entstehung, deren römische Kopie sich heute in den Kapitolinischen Museen befindet. Attalos gab sich aber mit seinen beeindruckenden Erfolgen noch nicht zufrieden: Den seleukidischen Bruderkrieg ausnutzend stieß er immer weiter ostwärts vor. Von den Meerengen bis zum Taurus galt schließlich, 228 v. Chr., das Wort des pergamenischen Königs. Einen Versuch des neuen Seleukidenherrschers

17 Pausanias X. 15, 3.

Seleukos III. Keraunos, ihm Anatolien wieder zu entreißen, wehrte Attalos ab (223 v. Chr.).

Längst umgab Attalos der Nimbus des Siegers. Für einen hellenistischen König war Sieghaftigkeit das Lebenselixier schlechthin. In einem politischen System, das für sein Spitzenpersonal kaum traditionelle Quellen der Herrschaftslegitimation – wie Investitur, Krönung, Salbung – noch auch einen rechtlichen Rahmen für das Königtum bereithielt, kam es entscheidend auf das „Charisma" des Machthabers an. „Außerwerktägliche Qualitäten", so nennt es der Soziologe Max Weber, muss der charismatische Führer besitzen, damit die Menschen an ihn glauben. Und Krieg ist, gleich der Religion, ein Feld, auf dem sich solche Eigenschaften besonders effektiv bewähren.

Der Prototyp des charismatischen Herrschers war Alexander der Große. Er eilte von Sieg zu Sieg, ihm folgte sein Heer, im festen Glauben an seine Sieghaftigkeit, durch dick und dünn. Herrschaft durch Charisma, staatliche Organisation als Gefolgschaft: Das war das Erbe, das Alexander den Diadochen und durch sie den hellenistischen Monarchien hinterließ. Es war ein ruhmvolles, aber auch ein schwieriges Erbe. Im ewigen Zwang, ihre Sieghaftigkeit immer aufs Neue unter Beweis stellen zu müssen, brachen die Könige, von Epeiros bis zum Indus, Krieg um Krieg vom Zaun, ohne Rücksicht auf die hoffnungslos überforderten Ressourcen ihrer Reiche. Die hellenistische Welt kam deshalb nie zur Ruhe: Ihre Staaten erschöpften sich im permanenten Kriegszustand. Attalos, der sein Königtum auf dem Ruhm des Kriegshelden errichtet hatte, befand sich also in bester Gesellschaft.

Bescheidene Anfänge

Dabei sah es in der Diadochenzeit wahrhaftig nicht danach aus, als sei Pergamon eine große Rolle bestimmt. Eher spielte die Stadt am Kaïkos den Triangel im Konzert der Mächte. Vor Alexander hatte hier eine griechische Aristokratenfamilie unter persischer Oberherrschaft das Heft in der Hand gehalten. Der Hügel über dem Flusstal war leicht zu befestigen und trug seit der archaischen Zeit eine Siedlung, deren Bevölkerung wohl hauptsächlich nichtgriechisch war. 399 v. Chr. endete hier die Anabasis, die Flucht Tausender griechischer Söldner, die nach dem Tod des persischen Prätendenten Kyros unter Xenophons Führung der Rache des Großkönigs Dareios entkommen waren.

Antigonos Monophthalmos setzte, vielleicht um 305 v. Chr., auf der Burg Pergamon einen gewissen Philetairos ein, der aus Paphlagonien stammte und Eunuch gewesen sein soll. Strabon berichtet, der Säugling sei bei einem Begräbnis auf dem Arm seiner Amme in einen Menschenauflauf geraten und im Gedränge entmannt worden. Wie dem auch sei: Philetairos steuerte seinen Herrschaftssprengel mit bemerkenswerter Wendigkeit durch die Wirren der späten Diadochenzeit. Rechtzeitig vor der Schlacht von Ipsos schwenkte er ins Lager des Lysimachos und wurde reich belohnt. Der nunmehrige Herrscher über Kleinasien gab dem Eunuchen einen Schatz von 9000 Talenten Silber – eine ansehnliche Summe – zur Verwahrung und bestätigte ihn in seinen Rechten als Stadtherr. Dasselbe tat später Seleukos, nachdem sich Philetairos vor der Schlacht auf dem Kurupedion auf seine Seite gestellt hatte.

Philetairos setzte bald ein makabres Zeichen seiner Loyalität: Der fast 80-jährige Seleukos wurde noch 281 v. Chr. das Opfer eines Attentats in Makedonien. Der Pergamener kaufte den Leichnam, ließ ihn einäschern und die Asche an Seleukos' Sohn Antiochos I. senden. Politisch nutzte er das Kapital, das ihm in den Schoß gefallen war, um sich im Umkreis von Pergamon als großzügiger Spender in Szene zu setzen. Er griff Städten finanziell unter die Arme, stiftete Heiligtümer, leistete militärische Hilfe und entfaltete in Pergamon selbst eine rege Bautätigkeit. Im Gegenzug empfing er Ehrungen: Feste trugen seinen Namen, Inschriften erinnerten an die Dankbarkeit der Geförderten. 263 v. Chr. starb Philetairos, sein Neffe folgte ihm als Eumenes I. nach.

Bereits in Philetairos' späteren Jahren hatte Pergamon zaghaft damit begonnen, die sich angesichts der lockeren seleukidischen Oberherrschaft bietenden Spielräume auszumessen. Noch unter Lysimachos hatte Pergamon eigene Münzen geprägt, die aber das Porträt und den Namen des Königs trugen. So blieb es auch, als der Suzerän ein Seleukide war. Ab ca. 270 ersetzte Philetairos' eigener Namenszug jenen des Antiochos in der Münzlegende. Eumenes ging diesen Weg entschlossen weiter: Mit seinem Herrschaftsantritt verschwand auch das Bildnis des Seleukidenkönigs von den Münzen, die fortan der massige Kopf des Philetairos zierte.

Eumenes ließ es aber nicht bei Symbolen bewenden: 261 v. Chr. errang er, bei Sardeis, einen Sieg über die Seleukiden und löste prompt sein Herrschaftsgebiet aus dem seleukidischen Reichsverband. Dass die Initiative von Eumenes ausgegangen war, kann als sicher gelten. Der Dynast erweiterte zielstrebig seinen Machtbereich, der ursprünglich nur das mittlere Kaïkostal umfasste, aber bald bis an die Ägäis im Westen und im Südosten bis vor die seleukidische Residenzstadt Sardeis reichte. Den Sieg verdankte er Söldnern, die er in Scharen angeworben hatte, die aber, nach vollbrachter Tat, meuterten und ihren Anteil einforderten. Die Festungen Philetarieia und Attaleia waren in der Hand der Rebellen. Eumenes schloss mit ihnen Verträge, deren Klauseln inschriftlich festgehalten wurden: Sie standen den Söldnern Solderhöhungen und eine bessere Versorgung zu und regelten im Gegenzug, dass die Kriegsleute allein Eumenes loyal zu dienen hatten.

Eumenes' Kurs zahlte sich aus: Er behauptete seine Eroberungen und war, wegen seines Reichtums und seiner großzügigen Munifizenz, ein in Kleinasien und im gesamten griechischen Kulturkreis geachteter Herrscher. Auch in finanzieller Gefälligkeit griechischen Städten gegenüber – die Forschung spricht in Anlehnung an das griechische Wort *euergetein* (wörtlich: „gute Werke tun") von Euergetismus – erwies sich der wahre hellenistische Herrscher. Den Königstitel allerdings nahm Eumenes nicht an. So blieb es denn Attalos, dem Sohn des Stiers, vorbehalten, nach dem Diadem zu greifen. Und das mit Fug und Recht: Schließlich überstrahlte das Charisma des Galater-Siegers das seiner Vorgänger um etliche Helligkeitsgrade.

IV. Das Erbe der Attaliden: Wie aus Pergamon die Provinz Asia wurde

33 Provinzen zählte das römische Imperium im Jahr 14 n. Chr., beim Tode des Kaisers Augustus. Jede einzelne davon hatten die Römer mit Krieg und Gewalt ihren Gegnern abgerungen: Sardinien und Sizilien hatten sie nach dem 1. Punischen Krieg den Karthagern entrissen, Syrien hatte der große Pompeius erobert, Gallien der nicht minder große Caesar. Ägypten hatte sich nach Augustus' Sieg bei Actium den römischen Waffen gebeugt, und den Alpen- und Donauraum hatten Jahre später seine Stiefsöhne Tiberius und Drusus annektiert. Eine Ausnahme war Asia. Die Provinz, die den Namen eines Kontinents trug, wirklich aber nur den Westen der anatolischen Halbinsel umfasste, war Rom im Erbgang zugefallen.

The coming of Rome

Wie konnte es dazu kommen? Asia war das alte Pergamon, das Königreich der Attaliden, das diese zunächst vom Seleukidenreich abgespalten und dann, durch geschicktes politisches Taktieren, zu einem bedeutenden Machtfaktor gemacht hatten, dessen Stimme Gehör fand, vor allem in Rom. Gemeinsam mit der Inselrepublik Rhodos waren die Könige von Pergamon Roms loyalste Bundesgenossen in der Region. Die Nibelungentreue zahlte sich für das kleine Königreich aus: Seine Herrscher konnten satte territoriale Zugewinne verbuchen, und Pergamon erlebte eine wirtschaftliche und kulturelle Blüte, die es in den Kreis der großen Metropolen am Mittelmeer katapultierte.

241 v. Chr., als Attalos I. seine Herrschaft über Pergamon antrat und sich als erster Attalide ein Diadem aufs Haupt setzte, war Rom ein ferner Ort weit im Westen, der gerade seine erste Bewährungsprobe auf der Bühne mediterraner Machtpolitik bestanden hatte: Just im selben Jahr war der 1. Punische Krieg zu Ende gegangen. Rom hatte über die nordafrikanische See- und Handelsmacht Karthago triumphiert, die bis dahin die erste Geige im Westen gespielt hatte. Gut hundert Jahre später, 133 v. Chr., starb mit Attalos III. der letzte Attalidenherrscher: Pergamon fiel an Rom. Zu diesem Zeitpunkt lief im hellenistischen Osten ohne oder gar gegen die Römer nichts mehr.

Das runde Jahrhundert dazwischen wirkt in der Rückschau wie ein Lehrstück in imperialer Machtentfaltung. Der in Berkeley lehrende Althistoriker Erich Gruen hat mit seinem Buch *The Hellenistic world and the coming of Rome* ein glänzendes Porträt dieser bewegten Epoche gezeichnet: Gruen schaut hinter die Kulissen konventioneller Diplomatiegeschichte und legt grundlegende Wahrnehmungs- und Verhaltensmuster offen. Er schildert das griechisch-römische Verhältnis als eine Geschichte enttäuschter Erwartungen und ewiger Missverständnisse, in der immer wieder zum Schwert gegriffen wurde, weil die Akteure so gerne aneinander vorbeiredeten. Und er verleiht der seltsamen Apathie Plastizität, mit der die Römer das Geschehen im Osten lange Zeit verfolgten.

Zunächst nämlich drängte es die Römer überhaupt nicht auf die große Bühne im Orient. Der Westen, wo die Tiberstadt unvermittelt zur Hegemonialmacht aufgestiegen war, bereitete ihnen genug Kopfzerbrechen. Selbst den Übergang über die Adria zögerten sie hinaus, solange es irgend ging. Mitten im 2. Punischen Krieg fochten sie eher lustlos auf dem Nebenkriegsschauplatz Makedonien, und auch das erst, nachdem dessen Herrscher Philipp V. ihnen den Krieg förmlich aufgezwungen hatte. Das Kämpfen besorgten den Römern ihre Bundesgenossen in Griechenland: vor allem die Aitoler, zu deren Bundesfeldherrn Attalos von Pergamon 211 v. Chr. gewählt worden war. 205 v. Chr., beim Friedensschluss mit Philipp, begnügten sich die Römer mit dem Status quo, um nur ja jedes Engagement in Griechenland zu vermeiden.

Doch nur fünf Jahre später, der Hannibalkrieg war inzwischen gewonnen, erfolgte der Paukenschlag: Rom erklärte Makedonien den Krieg. 197 v. Chr. erfocht der Konsul Titus Quinctius Flamininus beim thessalischen Kynoskephalai einen totalen Sieg über Philipps viel gerühmte makedonische Phalanx. Die Friedensbedingungen waren hart: Philipp verlor seine Flotte, er musste Reparationen bezahlen und Griechenland räumen, dessen „Freiheit“ Flamininus anlässlich der Isthmischen Spiele prompt in tadellosem Schulgriechisch verkündete.

Mit einem Mal war Rom aus der Lethargie erwacht! Was war geschehen? Woher kam das plötzliche Interesse am alten Hellas? Seinen Ursprung hatte das Unwetter, das über Philipp hereinbrach, in einer geradezu klassischen Systemkrise, und im Auge des Zyklons finden wir die beiden Staaten, die von einem Eingreifen Roms am meisten zu erwarten hatten: Rhodos und – Pergamon. Auslöser der Krise waren Ereignisse im fernen Ägypten. Dort war 205 v. Chr. Ptolemaios IV. Philopator gestorben. Am Hof in Alexandreia hielt man den Tod des Königs ein volles Jahr lang geheim, aus Angst, die Nachfolge des erst fünfjährigen Ptolemaios V. könne ein politisches Erdbeben auslösen.

Die Furcht war nicht unbegründet: Die Königin Arsinoë, die für ihren unmündigen Sohn die Regentschaft führte, wurde ermordet, der Hof verkrachte sich über die Frage der Vormundschaft. Kaum waren entsprechende Informationen durchgesickert, setzten sich die beiden mächtigsten Männer der hellenistischen Welt, der Seleukide Antiochos III. und Philipp V. von Makedonien, an einen Tisch und beschlossen, im sogenannten „Raubvertrag" (203/202 v. Chr.) das waidwunde Ptolemaierreich unter sich aufzuteilen: wie genau, darüber widersprechen sich die Quellen. Beide Herrscher standen auf dem Gipfel ihres Ruhms, hatten aber noch viel weiter reichende Ambitionen. Im Raum stand nicht mehr und nicht weniger als ein umfassendes machtpolitisches Revirement im hellenistischen Osten.

Den Worten folgten alsbald Taten. Antiochos überfiel den ptolemaiischen Teil der Levante, um den die Nachbarn bereits vier blutige Syrische Kriege geführt hatten (203 v. Chr.), während Philipp sich die ägyptischen Besitzungen in der nördlichen Ägäis vornahm. Damit stand er vor der Haustür von Rhodiern und Pergamenern, die sich bedroht fühlten, und das keineswegs zu Unrecht. Unmittelbar kollidierten die Interessen von Makedonien und Rhodos auf Kreta, wo die Rhodier einen Eroberungskrieg führten, in den nun Philipp auf Seiten ihrer Gegner intervenierte.

Aus dem Stellvertreterkrieg wurde in dem Moment eine direkte Konfrontation, als Rhodos in den Kampf um die ptolemaiische Flottenbasis Samos eingriff. In einem Seegefecht zogen die Insulaner gegen Philipps Flotte den Kürzeren. Alarmiert wandten sie sich an Attalos I. von Pergamon, der Philipp tatsächlich den Krieg erklärte. Attalos gelang es, den athenischen Hafen Piräus gegen Philipps Flotte zu verteidigen. Die dankbaren Athener luden den König in ihre Stadt ein und bereiteten ihm einen begeisterten Empfang. Über ihre Chancen machten sich die Alliierten dennoch keine Illusionen: Allein konnten sie nichts gegen den übermächtigen Philipp ausrichten.

Rettung versprach allein Rom. Und dorthin, an den Tiber, schickten Rhodier und Pergamener nun Gesandtschaften, die den Senat zum Eingreifen bewegen sollten und natürlich die Gefahr einer drohenden makedonisch-seleukidischen Hegemonie in besonders düsteren Farben ausmalten. Die Senatoren hörten den Argumenten, die sie vorbrachten, aufmerksam zu. Und hatten sie nicht Recht? War nicht Roms Sicherheit durch den sich abzeichnenden Machtblock unmittelbar bedroht? Gefahr war im Verzug, man musste handeln. Und das hieß: Krieg! Aber nicht gleich. Erst stellte der Senat Philipp ein Ultimatum. Die Gesandten, die das Ultimatum überbringen sollten, traf Attalos in Athen. Der Chronist Polybios vermeldet: „Am ersten Tag nach seiner Ankunft im Piräus konferierte Attalos mit den römischen Gesandten. Und er war hochzufrieden, als er gewahr wurde, dass sie sich seiner Verbundenheit mit der römischen Sache in der Vergangenheit erinnerten und bereit waren, in den Krieg mit Philipp einzugreifen."[18] Als Philipp die für ihn unannehmbare Bedingung – kein Krieg gegen griechische Staaten – erwartungsgemäß in den Wind schlug, griff Rom tatsächlich an. Der Weg nach Kynoskephalai war vorgezeichnet.

Siege mit römischen Waffen

Roms Sieg war ein triumphaler Sieg auch für Attalos von Pergamon. Nicht nur hatte er, gemeinsam mit Rhodos, die Römer zum Engagement im Osten bewegt und so Philipp in die Schranken verwiesen; er hatte sein kleines Reich im Westen Anatoliens auch in der Mitte der griechischen Politik verankert: Attalos war entscheidend am Zustandekommen der breiten antimakedonischen Koalition beteiligt gewesen, die außer Pergamon und Rhodos auch Athen, die Aitoler, den Achaiischen Bund und sogar Sparta umfasst hatte. Allerdings erlebte der König den Sieg nicht mehr: Er erlitt in Theben, wo er auf der Bundesversammlung der Boiotier sprechen sollte, einen Schlaganfall und starb wenig später in Pergamon (197 v. Chr.). Polybios' wohlwollendem Epitaph ist kaum etwas hinzuzufügen: „Er kündigte seinen Freunden und Verbündeten niemals die Treue und starb am Ende, während er seine beste Tat vollbrachte: für die Freiheit der Griechen zu kämpfen."[19]

Attalos' Sohn und Nachfolger Eumenes II. setzte den Kurs seines Vaters fort: eng angelehnt an Rom und wachsam gegen die Hegemonialbestrebungen der großen Nachbarn. Sein Gegenspieler hieß jetzt Antiochos, der dem Herrschaftsanspruch seines Seleukidenreichs im Osten und in der Levante neue Geltung verschafft hatte. Das Machtvakuum, das die Niederlage seines Partners Philipp in der Nordägäis hinterlassen hatte, kam Antiochos äußerst gelegen: 197 v. Chr. ging er in Kleinasien in die Offensive, besetzte Ephesos und Abydos und rückte auf pergamenisches Territorium vor. Sein Ziel: die Meerengen, deren Kontrolle ihm den Übergang nach Europa ermöglichen sollte. Im folgenden Frühjahr überschritt der Seleukide den Hellespont und weitere drei Jahre später nutzte er den Abzug der Römer aus Griechenland zur weiteren Expansion in Thrakien.

Der Senat sah zwar nicht tatenlos zu, war aber immerhin verhandlungs- und kompromissbereit. Römische Gesandte unterbreiteten Vorschläge, die darauf abzielten, Interessensphären zwischen den Imperien abzustecken. An solch einem Arrangement hatten aber zwei regionale Mittelstaaten nicht das geringste Interesse: In Griechenland waren die Aitoler mit dem Frieden von 197 v. Chr. unzufrieden und betrieben seine

18 Polybios XVI. 25, 3.
19 Ebd., XVIII. 41, 9.

gewaltsame Revision, für die sie ausgerechnet Antiochos als Bundesgenossen zu gewinnen suchten. Auf der Gegenseite setzte Eumenes von Pergamon alles daran, die Römer in den Konflikt hineinzuziehen.

Die Lunte war gelegt, das Pulverfass explodierte: Die Aitoler besetzten die thessalische Schlüsselfestung Demetrias (192 v. Chr.) und stürmten gegen Chalkis auf Euboia, das aber von Eumenes' Truppen verteidigt wurde und standhielt. Jetzt traten die Römer auf den Plan, denen sich der Achaische Bund, Makedonien und Rhodos anschlossen. Antiochos, der den Aitolern vage Versprechungen gemacht hatte, konnte jetzt nicht mehr zurückrudern und war zur Intervention gezwungen. So entbrannte der Krieg, der seinen Namen trug und dem Seleukidenreich in letzter Konsequenz das Rückgrat brach: Bei Magnesia am Sipylos unterlag seine Phalanx dem römisch-pergamenischen Aufgebot.

Der Friede von Apameia (188 v. Chr.) zwang Antiochos zur Räumung Kleinasiens. Treibende Kräfte hinter dem Diktatfrieden waren Rhodos und Pergamon, die jetzt die Erbmasse unter sich aufteilten. Die Inselrepublik erwarb ein ansehnliches Festlandsterritorium in Karien und Lykien, Eumenes konnte den Rest von Westanatolien bis zum Taurus in Besitz nehmen und erhielt die Kontrolle über den Hellespont. Pergamon war damit endlich in den Kreis der hellenistischen Großmächte aufgestiegen und steuerte, im Bewusstsein römischen Wohlwollens, alsbald selbst einen Hegemonialkurs. Eumenes siegte über Prusias von Bithynien und die Galater, verbündete sich dann aber mit beiden, um die Expansion des Königreichs Pontos unter Pharnakes einzudämmen. Der „ewige Frieden" zwischen den Konfliktparteien (179 v. Chr.) bescherte Eumenes weitere territoriale Zugewinne.

Während er aggressiv die Expansion in Anatolien vorantrieb, verlor Eumenes den Westen nicht aus den Augen. Der König gerierte sich, in typisch hellenistischer Manier, als großzügiger Spender und Wohltäter der griechischen Poleis. Pergamenische Athleten errangen glanzvolle Siege bei panhellenischen Wettkämpfen, und Attalos, Eumenes Bruder, hatte an der berühmten, von Platon begründeten Athener Akademie studiert. Später, als König, ließ er die Stoa des Attalos auf der Athener Agora errichten, die heute, von Amerikanern in der Nachkriegszeit rekonstruiert, ein Museum beherbergt. Die pergamenischen Könige veranstalteten glänzende Feste, zu denen erschien, wer in der hellenischen Welt Rang und Namen hatte. Eines davon, die *Nikephoria*, wurden alle vier Jahre im Athena-Heiligtum vor den Toren Pergamons ausgerichtet, um Eumenes' Siege zu feiern.

Und doch flogen die Herzen der Griechen einem anderen zu: Perseus, dem jungen König Makedoniens, das sich von der Niederlage gegen Rom zusehends erholte. Perseus war spendabler, glänzender und charismatischer als der alternde Eumenes. Und so antichambrierte Eumenes wieder einmal im Senat, um die Kriegsstimmung in Rom anzuheizen. Der Attalide, der in Athen nur knapp einem Mordanschlag entkam, spielte ein riskantes Blatt, hatte aber am Ende Erfolg: Im Bund mit Pergamon gingen die Römer militärisch gegen Perseus vor und schlugen ihn bei Pydna vernichtend (168 v. Chr.). Pydna war ein Wendepunkt für die Geschichte des Mittelmeers, eine Wasserscheide aber auch in den römisch-pergamenischen Beziehungen: Der Triumph über Perseus war der letzte Sieg, den ein Attalide mit römischen Waffen errang.

Am Ende des Weges

Nach Pydna nämlich hatte der Mohr aus römischer Sicht seine Schuldigkeit getan. Der Senat war ungehalten, weil Eumenes im Perseuskrieg seine Dienste als Vermittler angeboten hatte. Er fühlte sich nicht länger an territoriale Zusagen gebunden, setzte ein Autonomiestatut für die widerspenstigen Galater durch und düpierte den greisen Eumenes, als dieser eigens nach Italien gereist war, um selbst vor den Senatoren Klage zu führen. Als König könne er Rom nicht betreten, beschied man ihm, er solle wieder abreisen. Als Eumenes 159 v. Chr. starb, blies den Attaliden der Wind bereits scharf ins Gesicht. Römische Gesandte traten in Kleinasien als Streitschlichter auf und waren nur allzu eifrig, die Klagen anzuhören, die Prusias von Bithynien, die Galater und etliche Griechenstädte gegen Pergamon vorbrachten.

Auf Eumenes folgte sein Bruder Attalos. In bester Großmachtfasson mischte er sich in Thronwirren ein, die das benachbarte Kappadokien und später das Rumpfreich der Seleukiden erschütterten. Er scheute sich nicht, römische Schiedssprüche zu ignorieren. Dabei war er sich des Dilemmas, in dem sich sein Königreich befand, vollauf bewusst: „Wir sahen ein, dass es gefährlich ist, etwas zu unternehmen, ohne die Römer zu konsultieren", schrieb Attalos an einen Vertrauten, den Priester Attis. Im Erfolgsfall, so Attalos, würde man nur Neid und Misstrauen ernten; im Falle einer Niederlage hingegen würde der Senat „freudig zuschauen". Entsprechend handzahm blieb Attalos: Er koordinierte sein Vorgehen in einem neuen Krieg gegen Prusias von Bithynien (156–154 v. Chr.) mit Rom und unterstützte die Herren vom Tiber bei der Niederschlagung des Makedonischen Aufstands unter Andriskos (149–146 v. Chr.).

Attalos II. starb 139 v. Chr. Ihm folgte sein Neffe Attalos III. nach, der sich wenig mit Politik, aber viel mit *pharmaka* (Giften) und auch mit Landwirtschaft beschäftigte. Seinen Zeitgenossen galt der wissbegierige, aber menschenscheue und argwöhnische König als geisteskrank. Seinen Realitätssinn bewies Attalos hingegen mit seinem letzten Willen: Per testamentarischer Verfügung setzte er die Römer zu Erben seines Königreichs ein.

So wurde Pergamon im Mai 133 v. Chr. – Attalos soll an einem Sonnenstich gestorben sein – zur Provinz Asia. Nach dem Tod des Königs erging ein Volksbeschluss der Pergamener, der ihre Gemeinde als nunmehr „frei“ bezeichnete und den Bewohnern des Landgebietes sowie den auf pergamenischem Boden stationierten Soldaten das Bürgerrecht zusprach. So wollte man sich in der künftigen römischen Provinz ein Höchstmaß an Autonomierechten sichern. Wirklich glaubten die pergamenischen Poleis, unter römischer Ägide würde die alte Freiheit nach Kleinasien zurückkehren. Es gab jedoch auch Leute, die mit den neuen Realitäten grundsätzlich unzufrieden waren. So scharte ein gewisser Aristonikos Gefolgsleute um sich, wohl ein Halbbruder des verstorbenen Königs, der sogleich die Herrschaft für sich beanspruchte. Zwischen den Städten der neuen Provinz, die ihrem neuen Status durchaus etwas abgewinnen konnten, und dem selbst proklamierten „König“ Aristonikos, der als „Eumenes III.“ eigene Münzen prägen ließ, brachen prompt Feindseligkeiten aus, in die neben Rom auch die Königreiche Bithynien, Paphlagonien, Pontos und Kappadokien hineingezogen wurden. Erst nach der vernichtenden Niederlage eines Konsuls konnte die Koalition den Krieg für sich entscheiden und Aristonikos gefangen nehmen.

So hatte also die „Freiheit“ gewonnen. Wie sie auszusehen hatte, darüber allerdings bestand Uneinigkeit zwischen Rom und den Bewohnern der neuen Provinz. Natürlich sah man es dort nicht mit Wohlgefallen, dass die Römer den Staatsschatz der Attaliden an den Tiber verfrachteten, kaum war Aristonikos besiegt. Kompetenzüberschreitungen von römischen Steuerpächtern, Soldaten und Beamten waren an der Tagesordnung, und die Ehrinschriften, die viele Städte in dieser Zeit vornehmen Bürgern aufstellten, weil sie sich solchen Übergriffen entgegenstellten, sprechen eine deutliche Sprache. Wie unbeliebt die Römer in Kleinasien lange blieben, zeigten drastisch die Ereignisse des Jahres 88 v. Chr.: Der Hass auf alles Römische entlud sich, als Mithradates von Pontos die Provinz Asia eroberte und in Geheimdepeschen die Städte aufforderte, alle Römer und Italiker zu töten, derer sie habhaft werden konnten. Die Bürger dieser Städte ließen sich nicht lange bitten: Bis zu 150 000 Männer, Frauen und Kinder sollen dem Mob zum Opfer gefallen sein. Sie zahlten mit ihrem Blut dafür, wie die *res publica* mit ehemaligen Verbündeten umging.

V. Aufstand der Verzweifelten: Spartacus und der dritte Sklavenkrieg

Spartacus hat, für die meisten Menschen heute, ein Gesicht. Es ist das Gesicht von Issur Danielowitsch Demsky, besser bekannt unter dem Namen, mit dem er Kino-Geschichte schrieb: Kirk Douglas. Stanley Kubricks 50 Jahre altes Leinwandepos hat noch im zweiten Jahrzehnt dieses Jahrhunderts seinen festen Platz im kollektiven Gedächtnis. Der Film fußt auf einem Roman von Howard Fast (1914–2003), einem amerikanischen Schriftsteller und Drehbuchautor, der, 1943 der *Communist Party USA* beigetreten, 1950 ins Fadenkreuz von Joseph McCarthys Komitee für unamerikanische Aktivitäten geriet. Der Autor, der wie Douglas einer Familie osteuropäischer Juden entstammte, wurde zu einer dreimonatigen Gefängnisstrafe verurteilt.

„Ich bin Spartacus!"

Während er hinter Gittern saß, trieb Fast sein Projekt eines Spartacus-Romans voran, ein Werk, das, kaum fertig, prompt auf der Schwarzen Liste amerikanischer Verlagshäuser landete. So veröffentlichte Fast sein Buch im Selbstverlag. Der Roman war ihm, vor dem Hintergrund seiner Entstehungsgeschichte kaum verwunderlich, zum Plädoyer für die Ausgebeuteten und Entrechteten dieser Welt geraten. Er wurde, trotz der widrigen Umstände, ein Bestseller. Dass das Buch Ende der 1950er-Jahre zur Vorlage eines Hollywood-Drehbuchs wurde, glich einer Sensation. Für die Opfer des McCarthyismus war Kubricks Film ein Wendepunkt, der ihre zügige Rehabilitierung einleitete.

„Spartacus" ist die Geschichte eines Imperialismus-Opfers, das sich nicht in die Unterdrückung fügen mag und zum Anführer einer Revolte wird, die das mächtige Rom erschüttert. Gerechtigkeitssinn, Loyalität und – natürlich! – die Liebe treiben den zum Gladiator gewordenen Sklaven in den Widerstand gegen die Weltmacht. Der Film stilisiert Spartacus zum Visionär, der mit seinem Kampf für ein Rom ohne Sklaverei eintritt. Der Zuschauer wird zum Zeugen genretypischer Monumentalschlachten; er fiebert mit den Gladiatoren, wenn sie in der Arena dem Tod begegnen; und er blickt, während er die Machenschaften derjenigen verfolgt, die Roms

Oscarreif: Die Geschichte des Sklaven Spartacus wurde 1960 mit Kirk Douglas in der Hauptrolle verfilmt.

Geschicke lenken, in Abgründe von Dekadenz und Korruption. In der Schlüsselszene des Streifens werden wieder eingefangene Sklaven aufgefordert, Spartacus zu identifizieren. Im Gegenzug verspricht man ihnen Nachsicht. Doch anstatt auf das Angebot einzugehen, rufen die Gefangenen, einer nach dem anderen: „Ich bin Spartacus!"

Rom ist überall. Sklaverei ist überall. Aber auch Solidarität ist im Angesicht von Unrecht und Unterdrückung überall. So lautet der Subtext des Films „Spartacus". Und so verträgt es sich mit der Rezeptionsgeschichte, die im 18. Jahrhundert mit Lessing begann, der sich mit der Figur beschäftigt hatte und aus Spartacus im Rahmen einer dann nicht realisierten „antityrannischen Tragödie" einen Helden machen wollte, „der aus andern Augen sieht als der beste römische".

1916, während in Europa der Erste Weltkrieg tobte, sammelte sich die äußerste Linke unter Rosa Luxemburg und Karl Liebknecht, vorerst noch innerhalb der SPD, in der Spartakusgruppe. Der römische Sklavenführer taugte zur Symbolfigur für ihren Kampf gegen Imperialismus und Knechtung der Arbeiterklasse. Aus der Gruppe ging der Spartakusbund hervor, der zur Keimzelle der KPD wurde. Der Name lebte in der Bundesrepublik im DKP-hörigen „Marxistischen Studentenbund Spartakus" fort; im Ostblock in den Jugendwettkämpfen der „Spartakiaden" und in ungezählten Sportvereinen, die sich mit dem Namen des Rebellen schmückten, allen voran der 1922 gegründete Fußballklub der russischen Hauptstadt, Spartak Moskau.

Zurück zu den Quellen

Wer war Spartacus? Fast und Kubrick ordneten, wie es sich für einen Monumentalfilm gehört, die historischen Fakten den höheren Zielen von spannendem Plot und prägnanter Botschaft unter. Woher aber schöpft die Forschung ihr Wissen über Spartacus? Und was berichten die antiken Quellen über den Rebellen, der etliche römische Spitzenbeamte und ein ganzes konsularisches Heer desavouierte?

„Zur selben Zeit überredete Spartacus, ein Thraker von Geburt, der einst als Soldat mit den Römern gekämpft hatte, aber dann gefangen genommen, als Gladiator verkauft und in der Gladiatorenschule von Capua ausgebildet worden war, ungefähr 70 seiner Kameraden, für ihre Freiheit zu kämpfen anstatt zur Belustigung der Zuschauer." Mit diesen Worten stellt Appian (ca. 95–160 n. Chr.), Verfasser mehrerer historischer Werke, in seinen *Bürgerkriegen* den Rebellenführer seiner Leserschaft vor. Für Plutarch (ca. 45–125 n. Chr.), den gelehrten Biographen und Autor der Parallelviten berühmter Griechen und Römer, war Spartacus „ein Thraker nomadischer Herkunft, der sich nicht allein großer Kühnheit und Stärke rühmen konnte, sondern auch scharf von Verstand und umfassend gebildet war, mehr als es seinem Schicksal entsprach". Er sei damit, resümiert der Grieche Plutarch in seiner Crassus-Biographie, „mehr Hellene als Thraker" gewesen.[20]

Kampanien war zur Zeit der römischen Republik ein Zentrum des Gladiatorenwesens. In den Schulen, den *ludi*, von Capua und Pompeji bereitete sich der Nachwuchs, unter den strengen Augen der Ausbilder,

20 Plutarch, Crassus 8, 2.

auf die Gladiatorenkarriere vor: Die Männer wurden hier zu wahren Kampfmaschinen ausgebildet, die töten mussten, um selbst dem Tod zu entkommen. Das Reglement in den *ludi* entsprach militärischer Zucht: Die Gladiatoren waren kaserniert und übten, tagein, tagaus, mit schweren hölzernen Waffen den Ernstfall in der Arena. Die Schule von Capua, wo Spartacus gemeinsam mit Dutzenden anderer Männer, die überwiegend aus Gallien und Thrakien stammten, die Kunst des Tötens lernte, befand sich in Privatbesitz. Ein gewisser Lentulus Batiatus habe sie dort wie Gefangene gehalten und an die Organisatoren von Gladiatorenkämpfen vermietet, notiert Plutarch.

73 v. Chr. planten 200 Gladiatoren den Ausbruch aus Batiatus' Anstalt, wurden aber verraten. Eine Gruppe von 70 Männern bewaffnete sich mit Küchengeräten und kämpfte sich den Weg aus der Schule frei. Sie erbeuteten Ausrüstungsgegenstände von Gladiatoren und besiegten eine kleine Milizeinheit, die zur Verfolgung der Gladiatoren ausgerückt war. Damit waren die Rebellen, wie Plutarch formuliert, im „Besitz richtiger Kriegswaffen".[21] Die Gruppe, die nun marodierend durch Kampanien zog, erhielt umgehend Zulauf von flüchtigen Sklaven aus der Region; die Gallier Crixus und Oenomaus sowie der Thraker Spartacus wurden zu Anführern bestimmt. Man beschloss, sich zunächst auf den Vesuv zurückzuziehen, wo man Verteidigungsstellungen errichtete.

Vieles an den Berichten über Spartacus und die unmittelbar auf die Revolte folgenden Ereignisse ist verworren, ja widersprüchlich. Ob Spartacus, wie Appian behauptet, aus Thrakien stammte, oder ob er schlicht ein als *thraex*, als „Thraker" mit schwerer Rüstung und kurzem, sichelartigem Schwert, kämpfender Gladiator war, entzieht sich unserer Kenntnis. Auch seine Vorgeschichte verliert sich im Dunkeln. War Spartacus, wie Appian andeutet, römischer Auxiliarsoldat oder gar Legionär? Oder war er in römische Kriegsgefangenschaft geraten und so zum Gladiator geworden? Wir werden es nie erfahren. Unsere antiken Gewährsleute – außer Plutarch und Appian gibt es noch eine Handvoll verstreuter Textzeugnisse – schrieben fast alle aus erheblichem zeitlichen Abstand. Schließlich spricht in den Quellen natürlich die Stimme des Siegers, für den die Aufständischen nichts waren als eine Bande von dahergelaufenen Kriminellen und Sklaven – auch wenn gerade in Plutarchs Bericht deutlich Respekt für Spartacus als Person und militärischem Führer mitschwingt.

21 Ebd., 9, 1.

Sklaven gegen Rom

Das Phänomen rebellierender Sklaven war für die Römer nicht neu. Roms Expansion hatte gänzlich neue Wirtschaftsprinzipien auf der Apenninen-Halbinsel heimisch gemacht, deren wirtschaftliches Rückgrat bis dato der bescheidene Grundbesitz kleinbäuerlicher Betriebe gewesen war. Angestoßen von Entwicklungen im hellenistischen Osten und vor allem im punischen Nordafrika, mit dem die Römer durch ihre Kriege in Berührung kamen, machte sich die *villa rustica* als neuer Typus landwirtschaftlichen Großbetriebs in Italien breit und vor allem in Sizilien, Roms erster überseeischer Provinz. Hinter ihr standen überwiegend senatorische Agrarunternehmer, die gezielt für städtische Märkte, vor allem die Hauptstadt Rom, produzierten, unter Einsatz ganzer Heere von Sklaven, die als Beute der Expansionskriege unablässig auf die Menschenmärkte des Mittelmeerraums und von dort Richtung Italien und Sizilien strömten.

Dass mit der neuen Bewirtschaftungsweise nicht nur Gewinnchancen, sondern auch Risiken verbunden waren, bekamen zuerst die Bewohner Siziliens zu spüren. 136 v. Chr. hatten sich auf der Insel, während Rom in Spanien einen blutigen Eroberungskrieg führte, 400 Sklaven unter Führung des aus Apameia stammenden Syrers Eunos der Stadt Castrum Hennae (Enna) bemächtigt. Bald wuchs sich der Zimmerbrand zum Großfeuer aus: 6000 Anhänger gewann Eunos binnen kürzester Zeit. Der Syrer nannte sich jetzt wie die meisten der Seleukidenherrscher Antiochos, rief sich zum König aus und ließ sich von seinen Gefolgsleuten als messianische Retterfigur verehren. Nachdem sich Eunos-Antiochos noch ein weiterer Sklavenführer namens Kleon angeschlossen hatte, zählte das Heer der Aufständischen an die 70 000 Mann, die plündernd durch Sizilien zogen, wo sie Städte belagerten und eroberten. Mehrfach lieferten sie sich Gefechte mit römischen Truppen und gingen jedes Mal als Sieger vom Schlachtfeld. Schließlich aber erlagen die Sklaven der römischen Übermacht, die sie in Tauromenion (Taormina) einschloss und vernichtete.

Dem ersten folgte ein zweiter Sklavenkrieg. Wieder war Roms Heeresmacht anderweitig gebunden. Während 104 v. Chr. der *furor teutonicus* die Römer in Angst und Schrecken versetzte, erhoben sich, abermals in Sizilien, Sklaven, zu denen auch zahllose freie, aber verarmende Bauern überliefen. Der von Salvius als König und Athenion als Stratege angeführte Aufstand erfasste die gesamte Insel, griff sogar auf das italische Festland über und hielt die römische Staatsmacht drei volle Jahre in Atem. Schließlich erstickte ein römisches Heer, wiederum nach mehreren Niederlagen, auch diese sizilische Revolte.

Zweimal hatten Gruppen aufständischer Sklaven enormen Zulauf erhalten, zweimal hatten ihre Führer erstaunliches strategisches und taktisches

Geschick bewiesen. Sie hatten Ressourcen mobilisiert, die sie erfolgreich Städte hatten belagern lassen. Männer wie Eunos und Salvius waren brillante Feldherren, doch waren die Sklavenerhebungen schließlich gescheitert. Rom hatte, stets unter – oft blamablen – Verlusten und erst nach einer Serie demütigender Niederlagen, doch jedes Mal unfehlbar, die Oberhand behalten.

Wenn der Kampf der Sklaven aussichtslos war, dann lag das zunächst an der Asymmetrie der Möglichkeiten. Gewiss, die Sklavenführer kommandierten gewaltige Heere. Doch konnten die Römer, sobald sie Krisen an anderem Ort überstanden hatten, aus der Tiefe ihres Raumes stets noch stärkere Reserven heranführen, gegen die auch das größte Sklavenheer keine Chance hatte. Kaum alle Aufständischen werden gleich kampfstark gewesen sein. Während sich die Kerne ihrer Truppen aus erfahrenen Soldaten rekrutiert haben werden, die als Kriegsgefangene in die Sklaverei geraten waren, dürften viele der später Dazugestoßenen ihre Kampfkraft kaum entscheidend verstärkt haben. Auch deshalb konnten Männer wie Eunos und Salvius, allem Charisma zum Trotz, ihren Gefolgsleuten keine dauerhafte Perspektive weisen. Im günstigsten Fall gelang es ihnen, die unabwendbare Niederlage um einige Jahre hinauszuzögern.

Schließlich zeigte sich in den Sklavenkriegen, dass die Achillesferse der Rebellen die sozio-ökonomische Uneinheitlichkeit des Sklavenstandes war. So erfolgreich die Führer beim Mobilisieren waren, sie erreichten immer nur einen Bruchteil der unfreien Arbeitskräfte. Die Sklaven der Antike bildeten keine homogene soziale Gruppe, erst recht keine „Klasse“: Die Lebensbedingungen von Bergwerks-, Feld- und Hirtensklaven unterschieden sich so grundlegend von denen eines Haussklaven in den besseren Kreisen Roms, dass von gemeinsamen ökonomischen Interessen keine Rede sein konnte. Es ist geradezu bezeichnend, dass sich den Aufständischen auch Freie anschlossen, denen es keinen Deut besser ging als den Sklaven. Die Revolten als revolutionäre Akte im Klassenkampf gegen die Sklavenhalter oder gar das System der Sklaverei zu deuten, verbietet sich von selbst.

Von Sieg zu Sieg

Ausbruch und Verlauf des Spartacus-Aufstands, des dritten Sklavenkriegs, bestimmten indes andere Parameter als die Rebellionen der Jahre 136 und 104 v. Chr. Zwar entbrannte der Krieg wieder einmal im Windschatten eines größeren Konflikts: des Dritten Mithradatischen Krieges im Orient (73–63 v. Chr.). Ausgangspunkt war aber diesmal keine sizilische *villa rustica*, sondern eine Gladiatorenschule in Kampanien. Die Aufständischen waren nicht Bauern und Hirten, sondern Profis im Geschäft des

Tötens. Und Spartacus als ihr Anführer scheint keine abstrakten, chiliastisch inspirierten Visionen von einer Zukunft ohne Ketten gehabt zu haben, sondern ein klares Ziel vor Augen: die Befreiung vom römischen Joch durch die Flucht nach Norden, in die gallische Heimat vieler seiner Kampfgenossen.

Dies jedenfalls ist die Interpretation Plutarchs: „Spartacus war bald bekannt und gefürchtet. Doch bewahrte er sich einen realistischen Blick auf die Tatsachen, und da er nicht hoffen konnte, die römische Macht zu überwältigen, begann er damit, sein Heer gegen die Alpen hin zu bewegen. Er hielt es für das Gebot der Stunde, seine Leute das Gebirge überqueren und in ihre jeweilige Heimat – nach Thrakien bzw. Gallien – zurückkehren zu lassen“ (Crassus 9,5) Freilich seien zu diesem Zeitpunkt bereits viele der Aufständischen so berauscht gewesen von ihren Erfolgen, dass sie es vorzogen, in Italien zu bleiben, dessen Städte und Landhäuser sie zu plündern gedachten. Damit, so schließt Plutarch, bereiteten sie den Boden für ihre eigene Niederlage. Tatsächlich spricht viel dafür, dass die Aufständischen nicht – oder doch nicht durchgängig – als kompakte Gruppe unter einheitlicher Führung des Spartacus agierten.

Doch der Reihe nach: Von ihrem Schlupfwinkel auf dem Vesuv suchten die Rebellen zunächst weiter das kampanische Umland heim, wurden aber von der römischen Führung zunächst nicht recht ernst genommen. Unter dem Kommando des Prätors Gaius Claudius Glaber schickte man ihnen keine Legion, sondern, wie Appian betont, eine eilig ausgehobene Abteilung von 3000 Mann entgegen. Mit dieser Truppe machte sich Glaber daran, die Rebellen in ihrer Vesuvfestung zu belagern. Die Aufständischen blieben nicht müßig, sondern knüpften, aus Weinranken und Zweigen, Taue, mit denen sie sich auf der den Belagerern abgewandten Vesuvseite von den Klippen abseilten. Glabers Heer wurde im Rücken überrascht und vollständig vernichtet.

Ein zweites prätorisches Heer unter dem Kommando des Publius Varinius erlitt noch im Herbst 73 v. Chr. dasselbe Schicksal; Varinius entkam mit knapper Not. Die Erfolgsserie sprach sich rasch herum: Sklaven, Hirten und verarmte Bauern stießen zu den Rebellen und ließen ihr Heer auf die beeindruckende Stärke von 70 000 Mann anschwellen. Die Männer überwinterten in Süditalien, wo selbst die Städte am Ionischen Meer nicht mehr vor ihnen sicher waren.

Nach dem zweiten Sieg scheint sich das Heer der Aufständischen geteilt zu haben. Crixus marschierte mit einem Teil der Armee stiefelaufwärts, zum Mons Garganus (Gargano) im nördlichen Apulien; der größte Teil der Rebellen folgte indes Spartacus in Richtung der Alpen. Möglicherweise gaben tatsächlich Meinungsverschiedenheiten zwischen den Anführern den Ausschlag für diese Entscheidung, die Crixus und den größten Teil seines Heeres das Leben kostete: Im Frühjahr 92 v. Chr.

wurde Crixus von einer Armee unter dem Konsul Lucius Gellius Publicola gestellt und geschlagen.

Vor dem Ziel?

Unterdessen hatte Spartacus seinen Vormarsch gen Norden, Richtung Freiheit, fortgesetzt und Mittelitalien erreicht. Über die nun folgenden Ereignisse liefern unsere Hauptquellen, Plutarch und Appian, einander in wesentlichen Teilen widersprechende Berichte: Laut Appian nahm Gellius nach seinem Sieg über Crixus die Verfolgung auf, während sein Kollege im Konsulat, Gnaeus Cornelius Lentulus Clodianus, Stellungen weiter nördlich vorbereitete, um Spartacus den Fluchtweg über die Alpen abzuschneiden. Spartacus besiegte erst Lentulus und etwas später den ihn verfolgenden Gellius. Während sich die Reste der römischen Truppen ungeordnet zurückzogen, opferte Spartacus 300 Gefangene und marschierte an der Spitze von 120 000 Mann auf Rom zu. Unterdessen formierten sich die römischen Verbände erneut unter beiden Konsuln und stellten Spartacus in Picenum, den heutigen Marken. Abermals erlitten die Römer eine Niederlage, aber Spartacus wandte sich, in der Einsicht, dass sein Heer noch nicht reif war für die Eroberung Roms, von der Hauptstadt ab und Süditalien zu, wo er die Hafenstadt Thurioi einnahm.

Plutarch beschreibt eine ganz andere Ereigniskette: Ihm zufolge besiegte Spartacus die Legionen des Lentulus und kämpfte sich so den Weg nach Norden frei, wo er schließlich Mutina (Modena) erreichte. Während sich ihm dort der Statthalter der Provinz Gallia Cisalpina, Gaius Cassius Longinus, entgegenstellte und unterlag, enthob der Senat in Rom die Konsuln Gellius und Lentulus ihres Kommandos. Neuer Oberbefehlshaber wurde Marcus Crassus, der „entsprechend an der Grenze Picenums Stellung bezog, in Erwartung von Spartacus' Angriff, der dorthin eilte" (Crassus 10,1).

Keiner dieser Berichte ist wirklich schlüssig: Warum sollte Spartacus sich in Mutina plötzlich nach Süden, Richtung Picenum, gewandt haben, nachdem er das Heer des Cassius geschlagen hatte und der Weg über die Alpen, sein offensichtliches Ziel, frei war? Plutarch bleibt die Antwort schuldig. Und weshalb sollte Spartacus, wie Appian Glauben machen will, zuerst die Eroberung Roms geplant, dann aber – ausgerechnet nach seinem Sieg über das konsularische Heer von Gellius und Lentulus – von diesem Vorhaben abgelassen haben? Warum schließlich unterschlägt Plutarch in seinem Bericht fast ein ganzes Jahr – die Zeit zwischen Spartacus' Sieg bei Mutina und Crassus' Auftauchen in Picenum? Fragen über Fragen, die ahnen lassen, wie lückenhaft unser Wissen über den dritten Sklavenkrieg ist und wie rätselhaft sein Protagonist, Spartacus, uns immer bleiben wird.

VI. Crassus: Feldherr gegen Sklaven

„Wenn man einen Putsch macht, ist man eben nicht im Puff, sondern auf der Börse!" So fährt Marcus Licinius Crassus, Romanfigur in Bertolt Brechts Fragment *Die Geschäfte des Herrn Julius Caesar*, den Titelhelden an. Und der erwidert: „Man kann auch Politik machen, und nicht nur Geschäfte." In Brechts Geschichte dreht sich für beide Männer alles nur ums Geld: Für Caesar ist Geld Mittel zum Zweck, um in der Politik den Durchbruch zu schaffen, und die Politik Mittel zum Zweck, um am Ende den gewaltigen Schuldenberg wieder abzutragen; Crassus' Welt ist ohnehin die Börse. Er und sein sagenhafter Reichtum werden von Caesar auf dem Weg nach oben ingeniös benutzt.

Dives – der Reiche

Sagenhaft reich war auch der leibhaftige Crassus („Fettsack"), der mit Caesar und Pompeius 60 v. Chr. das sogenannte Erste Triumvirat schloss, jenes Kartell, in dem der bekannteste, der reichste und der durchtriebenste Senator gegen alle politischen Spielregeln die Macht in der untergehenden Republik unter sich aufteilten. Das Triumvirat war ein Bündnis auf Zeit, das so lange hielt, wie die Protagonisten gemeinsame Interessen hatten, die es gegen den Rest der Welt durchzusetzen galt. Crassus schied vorzeitig aus: 53 v. Chr. verlor er bei Karrhai in Mesopotamien gegen die Parther Schlacht und Leben, in einem Krieg, zu dem er ausgezogen war, um in puncto Sieghaftigkeit mit Pompeius und Caesar gleichzuziehen.

Es war das schmähliche Ende einer durchaus glanzvollen Karriere, die freilich im Schatten zweier noch Größerer stand. Um 115 v. Chr. als jüngster Sohn des Konsulars Publius Licinius Crassus geboren, machte Marcus im Kielwasser von Sullas Aufstieg Karriere. In der Schlacht am Collinischen Tor unmittelbar vor Rom errang er 82 v. Chr. einen entscheidenden Sieg gegen die Marianer, die seine Verwandten ermordet und das Vermögen der Familie konfisziert hatten. Als Sullas Rache nun die Marianer traf, hielt sich Crassus an deren Vermögen und Grundbesitz schadlos. Unsummen verdiente er im Sklavenhandel und mit seiner

Angebliche Büste von Marcus Licinius Crassus (115–53 v. Chr.) in der Ny Carlsberg Glyptotek, Kopenhagen.

berüchtigten privaten Feuerwehr, die nur dann löschte, wenn der Hausbesitzer zuvor seine Immobilie Crassus überschrieben hatte.

Mit seinem gewaltigen Vermögen wurde Crassus zum Finanzier ungezählter politischer Karrieren, so auch von Caesars Aufstieg. „Crassus war aber großzügig gegenüber Fremden“, schreibt Plutarch, „denn sein Haus stand allen offen; und er pflegte seinen Freunden zinslos Kredit zu geben, aber er trieb es unerbittlich ein, kaum war die Frist verstrichen. Und so war die Zinslosigkeit des Darlehens drückender als selbst ein hoher Zins.“[22]

22 Plutarch, Crassus 3, 1.

Großzügigkeit hatte ihren Preis, und Crassus vermehrte, im chaotischen Machtvakuum nach Sullas Abdankung (79 v. Chr.) und Tod (78 v. Chr.), im Austausch gegen das viele Geld, das er verlieh, stetig sein politisches Kapital. So erklomm er Stufe um Stufe der senatorischen Ämterlaufbahn, des *cursus honorum*, und bekleidete 72 v. Chr. die zweithöchste Beamtenstelle, die Prätur.

Crassus versus Spartacus

Seine Wahl zum Prätor war gerade rechtzeitig erfolgt, um ihn zum Gegenspieler des Mannes werden zu lassen, der mit seinem Heer aus entlaufenen Gladiatoren, flüchtigen Sklaven und verarmten Bauern im Jahr zuvor zwei römische Prätoren und im Frühjahr 72 v. Chr. die Konsuln Gnaeus Cornelius Lentulus Clodianus und Lucius Gellius Publicola sowie den Statthalter Gaius Cassius Longinus geschlagen hatte: Spartacus. Der Sklavenkrieg bot dem ehrgeizigen Crassus die Chance, zusätzlich zu seinen Millionen militärische Lorbeeren zu erwerben, die allein den Aufstieg in politische Spitzenämter – den Konsulat – garantieren konnten. Glauben wir Appian, so war Crassus der Einzige, der angesichts der Risiken den Mut aufbrachte, für die Prätur zu kandidieren.

Crassus erhielt sechs Legionen und dazu die Reste des konsularischen Heeres von Lentulus und Gellius, alles in allem gut 40 000 Mann. Der neue Oberkommandierende empfahl sich den Soldaten als strenger Zuchtmeister. Ein Heer, das eine Niederlage gegen Spartacus einstecken musste, ließ er dezimieren: Er ließ die Soldaten antreten und jeden zehnten niederstechen. Laut Plutarch waren nur 50 Legionäre einer Kohorte betroffen, die den Befehl missachtet hatte, jeden Feindkontakt zu vermeiden. Dass sich die Maßnahme gegen das gesamte Heer richtete und also bis zu 4000 Römer das Leben kostete, bezweifelt auch Appian. Doch machte Crassus seinen Soldaten unmissverständlich klar, dass sie ihn mehr zu fürchten hatten als den Feind.

Die rabiate Disziplinierung der Truppe trug mit Anbruch der neuen Kriegssaison Früchte, im zeitigen Frühjahr 71 v. Chr. teilte Crassus sein Heer in zwei Abteilungen: Die Hauptgruppe unter seiner Führung sicherte die Grenze von Picenum, wo man Spartacus erwartete; ein Detachement unter dem Legaten Mummius, insgesamt zwei Legionen, sollte im Rücken des Feindes bleiben, sich aber still verhalten. Mummius, der sich die Chance, einen vermeintlich leichten Sieg einzufahren, nicht entgehen lassen wollte, schlug dennoch los – und kassierte prompt eine Niederlage. Das Hauptheer unter Crassus aber verließ das Schlachtfeld, das 6000 gefallene Spartacus-Anhänger deckten, als Sieger.

Mit einer Taktik der Nadelstiche brachte Crassus in den folgenden

Wochen dem Sklavenheer schwere Verluste bei. Spartacus blieb keine andere Wahl, als südwärts auszuweichen: Sein Heer marschierte durch Lukanien auf die Stiefelspitze zu, Richtung Straße von Messina. Spartacus' Hoffnungen ruhten auf kilikischen Piraten, mit denen er vereinbart hatte, dass sie seine Männer nach Sizilien übersetzen sollten; dort wollte er Aufruhr unter den Sklaven entfachen und so sein Heer verstärken. Doch die Piraten kamen nicht. Versuche, mit improvisierten Fahrzeugen nach Messina zu gelangen, wurden von römischen Kräften vereitelt. Spartacus und sein Heer saßen auf der Halbinsel von Rhegion, dem heutigen Kalabrien, in der Falle. Von Norden waren Crassus' Legionen bereits im Anmarsch.

In Kalabrien angekommen, ließ der römische Feldherr die Belagerung der Rebellen vorbereiten: Er ordnete an, den Isthmos bei Rhegion mit einem Schanzwerk aus Graben und Wall zu befestigen. Bald gingen den Aufständischen die Vorräte aus, und Spartacus beschloss den Ausbruch, der einem Drittel seines noch immer gewaltigen Heeres gelang. Unterdessen waren neue römische Verbände aus anderen Teilen des Imperiums im Anmarsch: Pompeius hatte seinen Spanien-Feldzug siegreich beendet und die Revolte des Quintus Sertorius erstickt; jetzt führte er seine Truppen südwärts durch die Apenninen-Halbinsel. Etwa zur gleichen Zeit hatte, auf Initiative des Senats, der Prokonsul Marcus Terentius Varro Lucullus – nicht zu verwechseln mit seinem älteren Bruder, dem berühmten Schlemmer und Feldherrn im Mithradatischen Krieg – ein Heer im apulischen Hafen Brundisium angelandet.

Triumph

Crassus, der vielleicht in einem Moment des Zweifels selbst Verstärkungen angefordert hatte, sah sich zur Eile gedrängt. Schließlich wollte er sich die Lorbeeren des Sieges nicht im letzten Moment stehlen lassen. Nicht jetzt, da der Sieg unmittelbar bevorzustehen schien. Als Spartacus von den anrückenden Verstärkungen hörte, bot er Crassus Verhandlungen an. Der jedoch lehnte brüsk ab. Mit der sich abzeichnenden Niederlage begann Spartacus' Stern auch im eigenen Lager zu sinken. Ganze Gruppen fielen vom Hauptheer ab und wurden von Crassus gestellt. Selbst jetzt waren die Sklaven noch immer ein Faktor, mit dem zu rechnen war: Zwar konnten die Römer über 12 000 von ihnen töten, doch erlitt auch ihr Heer schwere Verluste.

Das Hauptheer unter Spartacus, das sich nach Petelia (Strongoli) in Bruttium zurückgezogen hatte, setzte sich unterdessen erfolgreich gegen einen römischen Vorstoß zur Wehr, zu dem Crassus einen Teil seines Heeres abkommandiert hatte. Mit knapper Not retteten die Römer den Quästor

Scrophas, einen der beiden Befehlshaber. Auf der Gegenseite untergrub aber der Sieg Spartacus' Autorität nur noch weiter: Immer mehr zweifelten an seiner Strategie, offene Feldschlachten zu vermeiden, den Gegner hinzuhalten und das Heil in der Flucht zu suchen: „Sie gehorchten nicht einmal mehr dem Befehl ihrer Anführer, sondern umringten sie, sobald sie sich in Marsch gesetzt hatten. Mit vorgehaltener Waffe zwangen sie sie, kehrtzumachen und durch Lukanien hindurch erneut gegen die Römer zu marschieren. Genau das war es, was auch Crassus begehrte", berichtet Plutarch.[23]

Spartacus musste dem Drängen seiner Leute schließlich nachgeben und stellte sein Heer zur Schlacht auf. Crassus' Biograph Plutarch setzt mit seiner Schilderung des Endkampfes dem Sklavenführer Spartacus das Denkmal eines Helden: „Dann bahnte er sich, durch fliegende Geschosse und verwundete Männer, den Weg zu Crassus selbst; zwar erreichte er ihn nicht, doch erschlug er zwei Zenturionen, die ihn gemeinsam anfielen. Schließlich, nachdem seine Gefährten die Flucht ergriffen hatten, stand er ganz allein, umzingelt von der Masse der Gegner, und verteidigte sich noch immer, als er niedergemacht wurde" (Crassus 11,6). Die Reste des Sklavenheers teilten sich nach der Schlacht in vier Gruppen, die nacheinander von den Römern aufgerieben wurden. Nur 6000 Aufständische überlebten das Gemetzel. Der Sieger kannte keine Gnade und ließ sie alle kreuzigen. 6000 Kreuze säumten die Via Appia zwischen Rom und Capua, der Stadt, in der die Revolte ihren Ausgang genommen hatte.

Für Crassus war der Sieg nur der Beginn eines neuen Kräftemessens. Es war Wahlkampf, und Crassus strebte für das Jahr 70 v. Chr. den Konsulat an – genau wie Pompeius, der mit seinem Heer gerade noch rechtzeitig in Süditalien erschienen war, um die versprengten Reste des Sklavenheeres, insgesamt rund 5000 Mann, niederzumachen. Dafür rief sich jetzt auch Pompeius zum Sieger im Spartacus-Krieg aus. Keiner der beiden Befehlshaber entließ, wie es nun üblich gewesen wäre, sein Heer; beide marschierten an der Spitze ihrer Truppen auf die Hauptstadt zu. Der Senat beschloss für Crassus eine *ovatio*, eine Art Triumphzug zweiter Klasse. Dass ihm nach dem militärischen der eigentliche, symbolische Triumph versagt blieb, hatte Crassus Pompeius zu danken – und er vergaß es ihm nie.

Macht und Mammon

Mit Crassus und Spartacus standen sich zwei Kontrahenten gegenüber, die vordergründig geradezu idealtypisch in einen marxistischen Deutungsrahmen zu passen scheinen, wie ihn Brecht in den *Geschäften des Herrn*

23 Ebd. 11, 5.

Julius Caesar zimmert. Hier der skrupellose Immobilienhai, der Erzkapitalist, für den wahre Politik auf dem Börsenparkett gemacht wird – und dort der Kämpfer für Freiheit und gegen imperialistische Unterdrückung. Über Spartacus' Motive können wir nur spekulieren; doch wird er sich kaum die Befreiung aller Unterdrückten dieser Welt auf die Fahnen geschrieben haben. Unzählige Menschen hatten unter den Beute- und Plünderungszügen der Sklaven zu leiden. Offensichtlich nahm Spartacus Kollateralschäden gern in Kauf, wenn es darum ging, seine charismatischen Führerqualitäten zu beweisen.

Und Crassus? Gewiss kämpfte der Prätor für eine Ordnung, die ihm satte Gewinne und seinesgleichen die Macht in der *res publica* garantierte. Aber Brecht stellt die Dinge doch offensichtlich auf den Kopf, wenn er politische Macht zum Werkzeug, wirtschaftlichen Profit zum eigentlichen Lebensinhalt seiner Protagonisten erklärt. Umgekehrt wird ein Schuh daraus: Symbolisches Kapital, vulgo: Ehre, war der Daseinszweck jedes römischen Aristokraten. Durch politische Erfolge wie Triumphe, das Erreichen des Konsulats oder gar der Zensur verbesserte er die Prestigebilanz seines Geschlechts, seiner *gens*. Und seine finanziellen Mittel setzte ein Magnat wie Crassus gerne ein, wenn es darum ging, auf dem Treppchen des *cursus honorum* die nächste Stufe zu erklimmen.

Crassus einigte sich schließlich doch mit Pompeius, und beide bekleideten den Konsulat des Jahres 70 v. Chr. Mit einer gewaltigen Geldspende machte sich Crassus umgehend das Volk gewogen. Der Aufwand zahlte sich aus: Fünf Jahre später erreichte er die Zensur, das prestigeträchtigste Amt, das die *res publica* zu vergeben hatte. In dem turbulenten Jahrzehnt, das mit seinem Konsulat begann, machte sich Crassus zum Patron Caesars, des größten politischen Talents jener Jahre. Indem er mit Caesar und Pompeius das Erste Triumvirat schloss, trat Crassus mit zwei Männern in die Konkurrenz um den Großen Preis des Bürgerkriegs ein – die Alleinherrschaft –, denen er trotz seines Reichtums nicht gewachsen war. Der Zauberlehrling scheiterte schließlich, von parthischen Waffen und seinem eigenen Ehrgeiz bezwungen, im Wüstensand vor Karrhai.

VII. Hüter der Macht: Die Prätorianer im Rom der Kaiser

An einem Frühlingstag des Jahre 193 n. Chr. wurden die Bewohner der Stadt Rom Zeugen eines Spektakels, das sie so bald nicht vergessen sollten. Eine schwere politische Krise erschütterte bereits seit Monaten das Römische Reich und seine Hauptstadt. Am Silvestertag des Vorjahres war Commodus, der Sohn des großen Mark Aurel und ein Kaiser mit durchaus umstrittenen Qualitäten, einer Palastverschwörung zum Opfer gefallen. Als Commodus das Zeitliche gesegnet hatte, wurde offenbar, dass niemand Sorge für die Nachfolge getroffen hatte. Das Machtvakuum versuchte der Prätorianerpräfekt Quintus Aemilius Laetus zu füllen, indem er den *praefectus urbi*, den Stadtpräfekten, Publius Helvius Pertinax zum Kaiser ausrief, einen Mann, der auf eine lange soldatische und senatorische Laufbahn zurückblicken konnte und einen durchaus untadligen Ruf besaß.

Während seine sparsame Amtsführung den Senatoren keinen Anlass zur Klage gab, herrschte im Lager der Prätorianer bald Unmut über Pertinax. Die Soldaten sehnten sich, wie der Geschichtsschreiber Herodian bemerkt, nach den unter Commodus herrschenden Zuständen zurück: Sie vermissten „das ausschweifende Dasein im Zustand der Trunkenheit, als sie plündern und Schrecken verbreiten konnten."[24] Die meuternden Soldaten drangen schwer bewaffnet in den Palast ein, wo der Kaiser ihnen, statt sein Heil in der Flucht zu suchen, entgegentrat und sie mit Worten von ihrem Tun abzubringen versuchte. Ohne Erfolg: Die Soldaten erschlugen Pertinax, man schrieb den 28. März.

Kaisermörder – Kaisermacher

Die Soldaten der stadtrömischen Garnison hatten damit unter Beweis gestellt, dass sie den Kaiser nicht nur zu beschützen, sondern – sobald ihre Interessen berührt waren – auch zu beseitigen wussten. Und sie konnten noch mehr: Sie entschieden darüber, wer als Nächster über Roms Geschicke entscheiden sollte. Sie ließen sich die Entscheidung nicht aus der Hand

24 Herodian II. 4, 4.

Fluch und Segen: Als elitäre Leibgarde waren die Prätorianer Schutz und Bedrohung kaiserlicher Macht zugleich. Prätorianer-Relief, Louvre, Paris.

nehmen und trugen dafür Sorge, dass ihre Belange nicht noch einmal zu kurz kamen. Der zeitgenössische Historiograph Cassius Dio bemerkt nicht ohne Sarkasmus, die Stadt Rom und ihr Reich seien, wie bei einer Auktion, „unter den Hammer gekommen".[25] Sulpicianus, Pertinax' Schwiegervater und dessen Nachfolger als Stadtpräfekt, und der begüterte Konsular Di-

25 Cassius Dio LXXIV. 11, 2.

dius Julianus überboten sich gegenseitig mit Versprechungen an die Prätorianer. Schließlich stach Julianus seinen Widersacher dadurch aus, dass er nicht Schwiegervater des verhassten Pertinax war.

Allerdings konnte sich auch Julianus nicht lange halten. Die starken Verbände, die in Roms entlegenen Grenzprovinzen im Osten (Syrien), Norden (Pannonien) und Nordwesten (Britannien) stationiert waren, riefen ihre jeweiligen Befehlshaber zu Kaisern aus: Auftakt zu einem mehrjährigen Bürgerkrieg, aus dem schließlich Septimius Severus als Sieger hervorging: Schon am 9. Juni 193 zog der Mann aus dem nordafrikanischen Lepcis Magna als Kaiser in Rom ein. Eine seiner ersten Maßnahmen dort war, kaum zufällig, die Entlassung der Prätorianergarde. Er füllte sie mit loyalen Männern seiner Donaulegionen wieder auf. Und nicht nur das: Als Gegengewicht zu den Prätorianern ließ er fast in Sichtweite der Hauptstadt eine reguläre Legion Quartier beziehen.

In den Ereignissen des Jahres 193 bündeln sich wie in einem Brennglas Glanz und Elend der Prätorianer. Als einzige militärische Einheit in der Hauptstadt waren sie ein nicht zu unterschätzender Machtfaktor. Sie waren für die persönliche Sicherheit des Kaisers verantwortlich, der ihnen damit auch, wenn er in Rom weilte, bis zu einem gewissen Grad ausgeliefert war. Das Potenzial ihrer Waffen ließ sich immer wieder auch in politische Macht umsetzen, wie zum ersten Mal Lucius Aelius Seianus (20 v. Chr.-31 n. Chr.) demonstrierte, der unter Tiberius Präfekt der Garde war. Mit seinen Prätorianern, die er in einem einzigen großen Lager, den *castra praetoria*, auf dem Viminal konzentrierte, verbreitete er Angst und Schrecken in der Hauptstadt, während der Kaiser es sich auf Capri wohlergehen ließ. Sejans ehrgeizigen Plänen konnte Tiberius einen Riegel vorschieben, aber das Lager wurde in den folgenden Jahrhunderten immer dann zum Ausgangspunkt seismischer Schockwellen, wenn ein Kaiser seinen Rückhalt verlor und Rom in die Anarchie abglitt.

Dies aber war nur die eine Seite der Medaille, denn, wie drei Generationen nach Sejan Tacitus völlig zutreffend bemerkte, die *arcana imperii*, die Ressourcen kaiserlicher Macht, lagen seit Augustus immer weniger in Rom selbst und immer mehr an der Peripherie des Riesenreiches. Hier standen die Legionen, die Roms Grenzen gegen Feinde von außen verteidigten, kommandiert von ehrgeizigen Senatoren, die allesamt – theoretisch – *capaces imperii* waren: kaiserfähig. Und hier nahmen in der Regel die Usurpationen ihren Anfang, die periodisch das Imperium erschütterten und die sich immer wieder in reichsweiten Bürgerkriegen entluden. Gegen die waffenstarrende Macht von sechs oder gar acht Legionen, wie sie ein Usurpator hinter sich scharen konnte, waren die Prätorianer natürlich chancenlos, und deshalb war ihr politischer Einfluss auch nie mehr als eine Größe der mittleren Reichweite. Sie konnten ihren Unmut artikulieren und für sich Privilegien aushandeln, von denen die Soldaten der

Legionen nur träumen durften; sie konnten Kaiser wie Pertinax ermorden, konnten Verschwörern ihre Unterstützung geben oder verweigern – was sie nicht vermochten, war, das römische Kaisertum auf Dauer von sich abhängig und den Kaiser zur Geisel ihrer Interessen zu machen. Die Prätorianer standen immer wieder im Mittelpunkt des Geschehens und waren dann oft beides, Kaisermörder und Kaisermacher, aber anders als den Legionen wuchs ihnen nicht die Rolle einer Pressure-Group zu, die den Prinzipat nach ihren Vorstellungen und Bedürfnissen modellieren konnte. Sie wurden nicht Roms Janitscharen.

Den Kaiser beschützen

Auch wenn die Quellen uns ein anderes Bild vermitteln und den Prätorianern notorische Unzuverlässigkeit unterstellen: Der Alltag der Prätorianer bestand nicht darin, Kaiser zu stürzen und zu machen. Ihren Privilegien zum Trotz waren sie zuallererst eines: römische Soldaten. Und so teilten sie im Prinzip auch das Leben römischer Soldaten, nur dass ihre Hauptaufgabe eben darin bestand, die Sicherheit des Kaisers und der Hauptstadt zu gewährleisten. Ihre Anfänge gehen weit in die Zeit der Republik zurück. Als das römische Heer sich seit den Punischen Kriegen zaghaft von einer Miliz- in eine Berufsarmee wandelte, gingen Befehlshaber dazu über, eine Sonderabteilung für ihre persönliche Sicherheit sorgen zu lassen. Die Bodyguards des Generals bewachten im Legionslager dessen Zelt, das *praetorium*. Die Protagonisten des Bürgerkriegs wie Caesar und Pompeius ließen sich gleich von mehreren Kohorten bewachen, doch erst Augustus stellte sie, nach seinem Sieg bei Actium (31 v. Chr.), als eigene, von den Legionen unabhängige Truppe auf.

Uniformiert und ausgerüstet war die Garde ähnlich den übrigen Soldaten. Augustus ordnete jedoch an, dass die Prätorianer in Rom Zivilkleidung tragen sollten, wohl um die Senatoren nicht vor den Kopf zu stoßen. Soldaten unter Waffen hatten im republikanischen Rom nichts zu suchen gehabt, ein auch religiös unterfüttertes Tabu. Die Stadtgrenze schied rituell das befriedete stadtrömische Rechtsgebiet (*domi* – „zuhause“) von der Außenwelt (*militiae*), in der wenigstens latent der Krieg ein Dauerzustand war. Bewaffnete im Stadtgebiet verunreinigten nach alterhergebrachter Vorstellung den sakral umhegten Raum.

Wohl aus Rücksicht darauf beschränkte Augustus die Zahl der Prätorianerkohorten (*cohortes*) auf neun, von denen jeweils nur drei in der Hauptstadt selbst Dienst taten. Jede dieser Kohorten bestand aus 1000 Mann. Zu ihnen gesellten sich noch einige Reiterabteilungen (*turmae*) zu je 30 Mann. Jeder einzelne dieser knapp 10 000 Soldaten war ungleich bessergestellt als seine Kameraden, die an den Grenzen des Reiches stationiert waren.

Der Dienst war weniger hart, wurde aber besser bezahlt: Ein Prätorianer verdiente 750 Denare im Jahr, während der einfache Legionär es nur auf ca. 225 und ein Soldat der (nichtrömischen) Auxiliartruppen sogar nur auf 75 Denare brachte. Außerdem dienten die wenigstens in der frühen Kaiserzeit fast ausschließlich aus Italien, hauptsächlich aus Latium, Umbrien und Etrurien (später auch aus Makedonien, dem Alpenraum und Spanien) stammenden Prätorianer nur zwölf (später: 16) statt der üblichen 20 Jahre und wurden nach ihrem Ausscheiden mit 5000 Denaren abgefunden – eine stattliche Summe, wenn man bedenkt, dass der bei Weitem größte Teil der Reichsbevölkerung über keine regelmäßigen Geldeinkünfte verfügte. Außer den Prätorianern waren in Rom seit Augustus noch die Stadtkohorten (*cohortes urbanae*) stationiert, die im Wesentlichen polizeiliche Aufgaben wahrzunehmen hatten und dem Stadtpräfekten, der stets aus den Reihen der Senatoren kam, unterstanden.

Die Prätorianer besaßen seit 2 v. Chr. eine Doppelspitze in Gestalt zweier ritterständischer Prätorianerpräfekten (*praefecti praetorio*). Die Prätorianerpräfektur war nach der Statthalterschaft der Provinz Ägypten das höchste Amt, das Angehörige des Ritterstandes (*ordo equester*) erreichen konnten. Augustus griff für wichtige Positionen vermehrt auf Ritter zurück, da sie stärker von ihm abhängig waren als Senatoren und er deshalb auf ihre Loyalität zählen zu können glaubte – eine Praxis, die immer weitere Kreise zog und Angehörigen des *ordo equester* auf Dauer erheblich bessere Karrierechancen in Militär und Verwaltung eröffnete. Der Prozess freilich entwickelte bald Eigendynamik: Ritter in herausgehobenen Chargen verstanden es, den Zugang zum Kaiser zu kanalisieren und zu monopolisieren. Indem sie nur bestimmte Personen mit bestimmten Anliegen zum Kaiser vorließen, betrieben sie „Maklerpatronage" – und gewannen so erhebliches politisches Eigengewicht. Ideale Voraussetzungen, durch Maklerpatronage Einfluss zu erlangen, hatten die Prätorianerpräfekten, die zugleich Vertrauenspersonen des Kaisers und Befehlshaber des stärksten militärischen Kontingents Italiens waren.

Ehre und Intrige

Als Erster begriff Sejan, welche Macht ihm durch seine Position zuwuchs. Bereits sein Vater, Lucius Seius Strabo, war unter Augustus Präfekt der Garde gewesen. Als Tiberius, der ungeliebte Stiefsohn des Augustus, dem ersten Princeps 14 n. Chr. nachfolgte, ernannte er den um 20 v. Chr. im etrurischen Volsinii geborenen Sejan als Kollegen seines Vaters zum Prätorianerpräfekten. Seius stieg ein Jahr später zum Statthalter von Ägypten auf, und Sejan wurde alleiniger Prätorianerpräfekt. Der ehrgeizige Mann aus Etrurien hatte schon zuvor enge Bande zum Kaiserhaus und zu einflussreichen senatorischen Familien geknüpft. Er war im Gefolge des früh verstorbenen Augustus-Enkels Gaius gereist und hatte, wohl in der Ahnung, es mit dem kommenden Mann des julisch-claudischen Hauses zu tun zu haben, auch den Kontakt zu Tiberius gepflegt.

Die Garde, die bisher auf verschiedene Garnisonen in Rom und im Umland der Hauptstadt verteilt war, konzentrierte Sejan in einem einzigen Lager am Stadtrand, unweit des heutigen Campus der Universität „La Sapienza". „Kaum war das Lager fertig, schlich er sich allmählich in die Herzen der Soldaten ein, suchte die einzelnen auf, redete sie mit Namen an. Außerdem ernannte er selbst die Zenturionen und Tribunen. Er verstand es, sich bei den Senatoren beliebt zu machen, und verschaffte seinen Klienten Ämter und Statthalterposten." So beschreibt Tacitus in seinen Annalen (IV. 2), wie sich Sejan hinter Tiberius' Rücken eine eigene Machtposition aufbaute. Mit seinen Intrigen spaltete er das Kaiserhaus: Nach dem Tod des Kaisersohnes Drusus (23 n. Chr.) hielt er um die Hand der Witwe Livilla an, wurde aber zurückgewiesen. Die Sippschaft des ebenfalls bereits toten Tiberius-Neffen Germanicus verdrängte er mit Erfolg vom Hof. 27 n. Chr. schließlich verließ Tiberius Rom und zog sich auf Dauer nach Capri zurück – ob auch hier Sejan die Fäden im Hintergrund gesponnen hatte, wissen wir nicht. 31 n. Chr. schließlich stand der Prätorianerpräfekt auf dem Höhepunkt seiner Macht: Tiberius bekleidete gemeinsam mit ihm, der keine senatorische Laufbahn absolviert hatte, den Konsulat – und er durfte sich mit Livilla verloben. Seiner Aufnahme in die Dynastie schien nichts mehr im Wege zu stehen, und doch überlebte Sejan das Jahr nicht: Quasi über Nacht entzog ihm Tiberius das Vertrauen, beschuldigte ihn vor dem Senat des Hochverrats und ließ ihn am 18. Oktober hinrichten. Sejans Schicksal verdeutlicht abermals, dass sich den Prätorianern und ihren Präfekten unter bestimmten Umständen Zeitfenster öffneten, die ihnen bemerkenswerte politische Spielräume verschafften, sich aber, sobald die Zeitläufte eine neue Volte schlugen, unversehens auch wieder schließen konnten.

Sejans Nachfolger Macro gehörte zu den eifrigsten Anhängern des jungen Caligula, überlebte dessen Herrschaftsantritt (37 n. Chr.) aber nur um wenige Monate. Er fiel in Ungnade und wurde ermordet oder zum Selbstmord gezwungen. Trotzdem – oder vielleicht gerade deshalb – kehrte Caligula seine besondere Verbundenheit mit den Prätorianern heraus. Er ließ Sesterzen prägen, die ihn selbst auf einem Podest stehend zeigen, wie er zu einer Abteilung Soldaten spricht. Die Münze trägt die Legende ADLOCUTU(io) COH(ortibus). Die „Kohorten" verweisen auf die Prätorianer. Eine *adlocutio* war im alten Rom die förmliche Ansprache des Befehlshabers an seine Soldaten. Der Herrscher zeigte damit seine kaiserliche Gnade und würdigte vollbrachte Leistungen oder nahm künftige vorweg. Die *adlocutio* war eine Gabe, mit der die Kaiser die Soldaten ihrer Nähe versicherten, eine Aufmerksamkeit in einer ewigen Kette von Leistung und Gegenleistung. Caligula verewigte die Reverenz, die er den Soldaten erwies, nicht zufällig auf einer Münze: Sie war das Unterpfand für die Loyalität, welche die Prätorianer ihm entgegengebracht hatten und die er sich für die Zukunft ausbat.

Dennoch war es ausgerechnet einer der Ihren, der Caligulas Leben ein Ende bereitete. Der Prätorianertribun Cassius Chaerea führte, wohl eher von persönlichen als politischen Motiven getrieben, eine Verschwörergruppe an, die den Kaiser am 24. Januar 41 n. Chr. beim Betreten eines Theaters ermordete. Die Hintergründe sind nur verschwommen erkennbar, doch scheinen Prätorianeroffiziere das Rückgrat der Verschwörung gebildet zu haben. Caligulas Ende wurde zum Fanal dafür, dass ein Kaiser, der die goldenen Regeln der Kommunikation mit der Truppe missachtete, rasch das Opfer seiner eigenen Soldaten werden konnte. Hinfort spielten Soldaten – und immer wieder in vorderster Front die Prätorianer – bei blutigen Kaiserwechseln meist eine Schlüsselrolle. Prätorianer ermordeten Galba, der den Fehler begangen hatte, öffentlich zu bekunden, er werde seine Soldaten ausheben, nicht kaufen. Die Ereignisse schienen sich zu wiederholen, als Nerva (reg. 96–98 n. Chr.) die Kontrolle über die Prätorianer zu verlieren drohte und eine Eskalation nur dadurch abwenden konnte, dass er Trajan adoptierte, einen einflussreichen Senator mit Rückhalt im Militär. So betrachtet, war die unrühmliche „Versteigerung" des Römischen Reiches durch die Prätorianer nach der Ermordung des Pertinax nur die logische Konsequenz einer Entwicklung, die bereits mit Augustus ihren Anfang genommen hatte.

Das Ende

Die Entlassung und Neuaufstellung der Prätorianerkohorten durch Septimius Severus und die Stationierung einer regulären Legion in unmittelbarer Nähe Roms markieren einen wichtigen Einschnitt in der Entwicklung der Garde. Die Prätorianer büßten mittelfristig ihr Monopol für die Sicherung des Kaisers und der Hauptstadt ein – einer Hauptstadt, die im Imperium Romanum ohnehin immer mehr an den Rand des Geschehens rückte. Die Herrscher des 3. Jahrhunderts, Roms „Soldatenkaiser", hatten sich in unentwegten Abwehrschlachten gegen Reichsfeinde zu bewähren und standen meist für die gesamte Dauer ihrer Herrschaft an der Spitze der Legionen, deren Struktur sich obendrein in wenigen Jahrzehnten drastisch wandelte. In einer rapide sich professionalisierenden Armee entstanden immer neue für bestimmte Aufgaben spezialisierte Einheiten, wie das Bewegungsheer (*comitatenses*), das die Kaiser an den militärischen Brennpunkten einsetzen konnten, oder die *protectores domestici*, eine Elitetruppe, die ebenfalls Gardefunktionen wahrnahm.

Vollends obsolet wurden die Prätorianer, als sich die Tetrarchen Diokletian, Maximian, Galerius und Constantius (293–305 n. Chr.) an ihren Residenzen, allesamt fernab von Rom, jeweils eigene Leibgarden zulegten. Den Schlussstrich zog schließlich Konstantin der Große nach seinem Sieg in der Schlacht an der Milvischen Brücke (312 n. Chr.), in der die Prätorianer für Konstantins Gegner Maxentius gefochten hatten. Konstantin löste die Garde kurzerhand auf und ließ ihr Lager auf dem Viminal dem Erdboden gleichmachen.

Das Erbe der Prätorianer war damit freilich noch nicht ganz ad acta gelegt. Wenigstens der Begriff überdauerte die Institution der Garde: Die Prätorianerpräfekten hatten bereits seit severischer Zeit immer mehr Aufgaben wahrgenommen, die mit dem Kommando über eine Leibgarde eigentlich nichts mehr zu tun hatten. Männer wie Papinian (ca. 150–212 n. Chr.) und Ulpian (ca. 170–223 n. Chr.) waren in erster Linie juristische Fachleute, deren Leistungen bei der Kodifizierung des römischen Rechts bis heute Bestand haben. In der Krisenzeit des 3. Jahrhunderts waren Prätorianerpräfekten wie der unter Gordian III. (reg. 238–244 n. Chr.) amtierende Timesitheus oder sein Nachfolger Philippus Arabs faktisch Stellvertreter des Kaisers. Bereits 217 n. Chr. war ein Prätorianerpräfekt in einer akuten Krisensituation – Caracallas Ermordung während seines Perserkriegs – sogar selbst Kaiser geworden, wenn auch nur für wenige Monate.

Unter Konstantin verloren die *praefecti praetorio* ihre militärischen Funktionen nach und nach ganz und wurden zu direkt dem Kaiser unterstellten, nunmehr senatorischen, zivilen Amtsträgern mit hohem protokollarischen Status, aber nur wenig faktischem Einfluss. Die drei Prätorianerpräfekturen, die sich in Diözesen gliederten, zu denen wiederum die (verkleinerten) Provinzen zusammengefasst wurden, waren die größten Verwaltungseinheiten des Imperiums. In dieser Funktion überlebten die Prätorianerpräfekten sogar das Ende des Römischen Reiches im Westen: Noch unter Theoderich, dem König des Ostgotenreichs in Italien, wurden Prätorianerpräfekten ernannt, denen freilich längst keine Prätorianer mehr gehorchten.

VIII. Der Narr im Purpur: Zur politischen Morphologie des Cäsarenwahns

„Es war das berauschende Gefühl der Macht, das Bewusstsein, nun plötzlich an erster Stelle zu stehen, der Wunsch, etwas Großes zu wirken, und vor allem der Trieb, in der Weltgeschichte zu glänzen, was den Caligula zeitweilig über sich selbst hinaufhob."[26] Mit diesen Worten bereitet Ludwig Quidde den Leser seines Essays *Caligula. Eine Studie über römischen Cäsarenwahnsinn* auf das Unheil vor, von dem zu berichten sein wird. Der Aufsatz erscheint im Frühjahr 1894 in der liberalen Zeitschrift *Die Gesellschaft* und bringt seinem Verfasser eine dreimonatige Haftstrafe ein. Eigentlicher Protagonist der erfolgreichsten politischen Streitschrift des zweiten deutschen Kaiserreichs, die als Sonderdruck über 30 Auflagen erlebte, ist nämlich nicht der römische Kaiser Caligula, sondern kein Geringerer als Wilhelm II., jener „herrliche junge Kaiser", in dem nicht nur der aufmerksame Beobachter Quidde, sondern auch etliche andere Zeitgenossen wenige Jahre nach der Thronbesteigung die Saat einer pathologischen mentalen Veranlagung aufgehen sahen.

Eine politische Seuche nimmt Konturen an

Die Definition des Cäsarenwahns liest sich deshalb in Quiddes Schrift wie ein Psychogramm Wilhelms, das, wie wir heute wissen, von der Wirklichkeit nicht allzu weit entfernt war: „Größenwahn, gesteigert bis zur Selbstvergötterung, Missachtung jeder gesetzlichen Schranke und aller Rechte fremder Individualitäten, ziel- und sinnlose brutale Grausamkeit, sie finden sich auch bei anderen Geisteskranken; das Unterscheidende liegt nur darin, dass die Herrscherstellung den Keimen solcher Anlagen einen besonders fruchtbaren Boden bereitet und sie zu einer sonst kaum möglichen ungehinderten Entwicklung kommen lässt, die sich zugleich in einem Umfange, der sonst ganz ausgeschlossen ist, in grausige Taten umsetzen

26 L. Quidde, *Caligula. Eine Studie über römischen Cäsarenwahnsinn*, Leipzig ^{25}1894, 3.

Preußischer Cäsarenwahn? Kaiser Wilhelm II., Öl-Gemälde von Max Koner, 1890.

kann."[27] Auf „grausige Taten" sollten weder Wilhelms noch Caligulas Zeitgenossen lange warten müssen.

Während wir heute Wilhelms Cäsarenwahn und seine Wurzeln weit in die Kindheit des Kaisers zurückverfolgen können, stellt sich die Frage umso drängender, warum ausgerechnet das römische Kaiserreich, ausweislich unserer Quellen, in den ersten dreihundert Jahren seiner Geschichte unter einer bedrückend langen Reihe von Herrschern litt, die wenigstens Teile ihrer Regierungszeit im Zustand geistiger Umnachtung zubrachten. Caligula – Nero – Commodus – Caracalla – Elagabal: Ihnen allen sagt mindestens ein Teil der Quellen Symptome des Cäsarenwahns nach. Bei anderen (Tiberius, Claudius, Domitian) lassen immerhin einzelne Charakterzüge Zweifel an ihrer mentalen Zurechnungsfähigkeit aufkommen. Warum brachte gerade Rom so viele paranoide Potentaten, debile Despoten und irrsinnige Imperatoren hervor?

Eine mögliche Antwort gibt wiederum Quidde, dem „der spezifische Cäsarenwahnsinn das Produkt von Zuständen [ist], die nur gedeihen können bei der moralischen Degeneration monarchisch gesinnter Völker oder doch der höher stehenden Klassen, aus denen sich die nähere Umgebung der Herrscher zusammensetzt".[28] Für Quidde war diese Konstellation im römischen – und im deutschen, so denkt er stillschweigend mit – Kaiserreich gegeben: Im Bann der eigenen, scheinbar unbegrenzten Machtfülle, vergaß der Herrscher alle rechtlichen Schranken, unter dem Eindruck des Hofzeremoniells seine eigene Sterblichkeit, ja sein Menschsein: „So ist es ja wirklich zu verwundern, wenn ein absoluter Monarch bei gesunden Sinnen bleibt."[29] Quiddes Lesart führt die mentale Disposition des Herrschers auf die sozialen Dispositionen der Gesellschaft zurück, die ihn umgibt. Autokratie gebiert, ob in Rom oder Berlin, Cäsarenwahn, das ist, verkürzt, die Lektion der Fallstudie Caligula.

Cäsarenwahn – eine Fehldiagnose?

Der realhistorischen Diagnose dessen, der selbst unter Autokratie zu leiden hatte, stellt die althistorische Forschung der Gegenwart ein anderes, ein diskursives Paradigma entgegen. Sie hat in den antiken Quellen eine „erkennbar denunziatorische Tendenz" (Aloys Winterling) ausgemacht, eine Tendenz, die es für den Historiker zu dekonstruieren gilt. Entsprechend haben Forscher sich darangemacht, Roms vermeintlich wahnsinnige Purpurträger von der Fama geistiger Unzurechnungs-

27 Ebd., 7.
28 Ebd.
29 Ebd., 4.

fähigkeit reinzuwaschen, haben dort sinnhaftes Handeln ausmachen wollen, wo für einen Tacitus, Sueton, Cassius Dio oder Herodian der pure Wahnwitz am walten war. Nacheinander sind so Caligula (Aloys Winterling), Commodus (Olivier Hekster) und unter gewissem Vorbehalt auch Nero in den Genuss einer ebenso postumen wie postmodernen Rehabilitierung gekommen. Auch hinter dem selbstherrlichen Auftritt Domitians lässt sich schließlich mit gutem Willen das Projekt eines auf Charisma statt Akzeptanz gründenden Kaisertums ausmachen.

Im Folgenden soll es nicht darauf ankommen, Handlungen, die antiken Autoren als Manifestation des Wahnsinns vorkamen, aus der post-festum-Perspektive des Historikers Sinn zu geben. Mindestens ebenso viel Interesse wie die römischen Herrschergestalten verdient das Echo, das sie in der römischen Historiographie fanden, ihre „Presse" gleichsam. Wenn es wirklich eine denunziatorische Tendenz gab und wenn sie sich in den ersten dreihundert Jahren des Prinzipats immer wieder gegen Imperatoren – verstorbene wohlgemerkt – wandte, dann muss es dafür genauso einen Grund geben wie für das offensichtliche Verschwinden dieser Tendenz im 3. Jahrhundert n. Chr.: Die Spätantike kannte wohl grausame Despoten, überforderte Kindkaiser und vom rechten Glauben abweichende Häretiker auf dem Thron, aber eben nicht mehr den Typus des Geisteskranken im Purpur.

Gesellschaften brauchen Grenzen. Grenzen können einfach geographische Definitionen sein, Markierungen in der Landschaft oder auf der Landkarte, die Zeugnis von den territorialen Besitzverhältnissen ablegen. Die Römer verschanzten sich hinter dem Schutzschild ihrer Legionen, die an der langen Außengrenze des Imperiums ihre Garnisonen hatten und unerwünschte Eindringlinge meist ohne viel Aufhebens abfingen. Die physische Präsenz der Grenze unterstrichen Flussläufe (Rhein und Donau im Westen, der Euphrat im Osten), Wüsten, Steppen und Gebirge. Wo nichts davon verfügbar war, entstanden seit dem 1. Jahrhundert n. Chr. Holzpalisaden und Steinbollwerke (wie der obergermanisch-rätische Limes und Hadrian's Wall im Norden Britanniens), die zwar kaum effektiven militärischen Schutz boten, aber die ziviliserte Oikumene und das Barbaricum deutlich als zwei Sphären voneinander trennten.

Doch auch nach innen strebte die römische Gesellschaft nach Abgrenzung. Sie gewann symbolisch Gestalt im Amphitheater, wo die Bevölkerung nach Ständen gegliedert saß. Wie der Limes das Imperium machtpolitisch nach außen abgrenzte, so war die Einfassung der Arena eine symbolische Scheidewand „an den Grenzen des Römerseins" (Egon Flaig). Im Zuschauerraum war die römische Gesellschaft in ihren diversen Rangklassen (*familia Caesaris*, Senatoren, Ritter, stadtrömische *plebs*) vertreten; die unten in der Arena waren behaftet mit dem Makel der *infamia*: zum Tode verurteilte Verbrecher, Staatsfeinde und Kriegsgefangene sowie

Gladiatoren – der negative Gegenpol, vor dem sich das Römersein im ludischen Ritual immer aufs Neue inszenieren konnte.

Eine Grenze um sich selbst zieht die Gesellschaft auch, indem sie sich ihre Definitionen des Wahnsinns schafft. So jedenfalls sieht es Michel Foucault, mit Blick auf die moderne, die bürgerliche Gesellschaft: „Der Irre ist in seinem Sein nicht manifest; wenn er aber nicht anzuzweifeln ist, dann deshalb, weil er *anders* ist."[30] Die Gesellschaft schiebt das Fremdartige aus ihrer Mitte, weil es unbequem und gefährlich ist, an den Rand: Es wird „ans andere Ende der Welt zurückgedrängt, zur Seite geschoben und in einem Zustand gehalten, in dem er durch eine doppelte Vorsichtsmaßnahme nicht beunruhigen kann, weil er *die Unterschiedlichkeit des anderen im Äußeren der anderen* repräsentiert".

Vom Sinn des Wahns

Die Relativität von Vernunft und mithin auch von Wahnsinn war den antiken Autoren, die so auffallend viele Kaiser als „Irre" abstempelten, natürlich nicht bewusst. Dennoch bedienten sie sich virtuos der „doppelten Vorsichtsmaßnahme", von der Foucault spricht. Indem sie das Handeln der Herrscher seiner Sinnhaftigkeit beraubten und mithin eine Grenze zwischen ihnen und der „normalen" Welt zogen, manövrierten sie sie in einen Raum, in dem sie der politischen und sozialen Ordnung postum nicht länger gefährlich werden konnten. Generell nämlich warf jeder „schlechte" Kaiser für die Eliten des Imperium Romanum, die Angehörigen des Senatorenstandes, in deren Händen Geschichtsschreibung maßgeblich lag, ein Problem auf. „Schlecht" war ein Kaiser dann, wenn er sich über die seit Augustus den politischen Raum beherrschende Fiktion hinwegsetzte, nach welcher der Kaiser lediglich „erster Mann" (*princeps*) in einem System war, das dem Anschein nach bruchlos die republikanische Kontinuität fortsetzte. Der „gute" Kaiser gab sich ostentativ als „Standesgenosse" der Senatoren, hörte sie zur politischen Entscheidungsfindung an und respektierte die an den Stand gebundenen Privilegien. Zum äußeren Erscheinungsbild, zur *imago*, seines Kaisertums gehörte ein gerüttelt Maß an Jovialität, durch die er die reale Machtverteilung verhüllte.

Ganz anders der „schlechte" Kaiser: Unter ihm wurde die faktische Autokratie, die der Prinzipat war, manifest, mit den ungeschriebenen Regeln ritualisierter Kommunikation zwischen Kaiser und Senatoren brach er. Wie der Kaiser gesehen werden wollte, war nicht mehr Gegenstand bilateraler Kommunikation zwischen ihm und den Senatoren, sondern lag

30 M. Foucault, *Wahnsinn und Gesellschaft. Eine Geschichte des Wahns im Zeitalter der Vernunft*, Frankfurt am Main 1969, 176.

allein im Ermessen des Imperators selbst. Ein Kaiser wie Domitian (81–96 n. Chr.), der sich *dominus et deus* nennen ließ, machte so das enorme Machtgefälle explizit, das ihn von Roms alten Eliten trennte. Den Senatoren drohte der Verlust der seit der augusteischen Zeit mühsam gefundenen Balance, mit der sie sich arrangiert hatten. In einer Monarchie, die sich so autokratisch gab, wie sie nun einmal war, war für eine Aristokratie, die faktisch nur mehr ein Relikt der republikanischen Epoche war, kein Platz mehr.

Der Gefahr, die ihnen durch Kaiser wie Domitian erwuchs, begegneten die traditionellen Eliten, indem sie sie – über das Medium der Geschichtsschreibung – aus der Sphäre der Normalität ausgrenzten und in einen Raum der Außeralltäglichkeit stellten, in dem sie als *exempla*, als vorbildhafte Präzedenzfälle, nicht mehr infrage kamen. Als tobende Irre oder blutrünstige Tyrannen, deren kranker Sinn sie zu ihrem Tun verleitete, landeten sie im historischen Kuriositätenkabinett, bestaunenswert allenfalls in ihrer Monstrosität, als wehrlose Objekte literarischem Voyeurismus preisgegeben. Indem die Senatoren das historiographische Verdikt über den „schlechten" Kaiser fällten, schloss sich nach dessen Tod eine imaginäre Klammer: Was geschehen war, wurde ungeschehen gemacht, die Ordnung wiederhergestellt. Sie wurde alsbald zur Tagesordnung, zu der man übergehen konnte. Während der Senat die *damnatio memoriae* über den Verstorbenen verhängte, seine Statuen fielen, seine Gesetze wirkungslos wurden, verschafften sich die kompromittierten Eliten Erleichterung im Gelächter über die Torheit des Narren im Purpurgewand.

Kaiser fallen aus der Rolle

Prinzipiell boten sich viele Möglichkeiten, einen Kaiser mit literarischen Mitteln aus der Welt der Normalität zu bannen. Gleichwohl ist der literarische Typus des vom Cäsarenwahn befallenen Kaisers erstaunlich kompakt: Es begegnen immer wieder dieselben Topoi, die sich bündig auf einen Nenner bringen lassen: Der „schlechte" Kaiser fällt aus der Rolle, er überschreitet Grenzen, die ein Kaiser nicht überschreiten darf. Auch die Zahl der Felder, auf denen er dies tut, ist erstaunlich überschaubar: Wiederkehrende Versatzstücke sind sexuelle Exzesse und solche der Grausamkeit, Hang zum Luxus und Verschwendungssucht und schließlich, im engeren Sinn, das Auftreten in nicht standesgemäßen Rollen. Dafür gab es ungezählte Möglichkeiten: Imperatoren mischten sich verkleidet unters Volk, verkehrten in übel beleumundeten Lokalitäten, prostituierten sich gar. Oder sie suchten Anerkennung als Mimen, Musiker und Wagenlenker – allesamt nicht nur unstandesgemäße Arten des Broterwerbs, sondern Tätigkeiten, die den, der sie ausübten, als *infamis* außerhalb der Gemeinschaft stellten. Nero (54–68 n. Chr.) ist der berühmt-berüchtigte Präzedenzfall für diesen Typus: Ein Kaiser, der als Künstler krankhaft Beifall heischte und darüber die Regierungsgeschäfte vernachlässigte.

Hypertrophe Steigerung dieser Variante ist der Kaiser, der seinen Platz nicht in der Loge des Amphitheaters hat, sondern inmitten der Arena. Commodus (180–192 n. Chr.), der sich selbst als „römischer Hercules" stilisierte, überschritt diese elementare Grenze des Römerseins. Welchen Zweck auch immer er damit verfolgte, er lieferte seinen senatorischen Gegenspielern ein gefundenes Fressen: „Werft den Gladiator in die Leichenhalle! (...) Überall Statuen des Feindes, des Mörders, des Gladiators. Stürzt die Statuen des Mörders und des Gladiators!" So lässt die nicht unbedingt zum Zuverlässigsten römischer Geschichtsschreibung zählende Historia Augusta Senatoren in der Senatssitzung nach der Ermordung des Commodus ausrufen.[31] Über einen Kaiser, der sich selbst auf so eklatante Weise aus der Gemeinschaft ausgrenzte, ließ sich leicht der Stab brechen. Wenig gehörte dazu, das Tun eines solchen Herrschers als versponnen, ihn selbst als purpurgeborenen Irren zu brandmarken: „Grausamer als Domitian, wahnwitziger als Nero", so lautet das vernichtende Fazit der Commodus-Vita der Historia Augusta.[32]

Der Kaiser in der Rolle des Gladiators ließ das Kommunikationssystem Amphitheater, das für den Prinzipat eminent wichtig war, zusammenbrechen. Als der Kampf entschieden war, richteten sich aller Augen auf den Kaiser: Als Spielgeber konnte er dem Unterlegenen Schonung gewähren oder seinen Tod befehlen. Ein Kaiser, der mit den Massen in Dialog zu treten wusste, fällte keine Entscheidung gegen deren Willen: Einem populären Gladiator gewährte er die *missio*, er ließ ihn leben. Commodus setzte dieses für den Prinzipat konstitutive Zwiegespräch zwischen Kaiser und *plebs* außer Kraft. Sein Auftreten als Gladiator war eine kolossale kommunikative Fehlleistung.

Bezeichnenderweise äußerte sich Cäsarenwahn immer wieder in der Nicht-Bewältigung von Kommunikationsakten. Domitians Selbstdarstellung als *dominus et deus* empfanden die Adressaten als Anmaßung und entzogen dem Herrscher deshalb prompt die Akzeptanz, um die er eigentlich hätte werben müssen. Vollends zur Farce wurde der Auftritt des Kaisers, wenn er ritualisierte Kommunikationsakte, von denen die Römer eine ungeheure Menge kannten, pervertierte. Ein solcher Kommunikationsakt war die formelle Ansprache des Kaisers an das Heer, die *adlocutio*. Im Verhältnis zwischen Kaiser und Soldaten spielte, wie im Verhältnis des Kaisers zu allen Gruppen, der reziproke Austausch symbolischen Kapitals eine gewichtige Rolle. Leistungen der Untertanen (*officia*) galt es unbedingt mit kaiserlichen Gegenleistungen

31 Historia Augusta, Commodus 18, 5; 12.

32 Ebd., 19, 2.

(*beneficia*) zu vergelten. Um Akzeptanz zu finden, musste der Kaiser den Saldo von *officia* und *beneficia* stets ausgeglichen halten: Idealiter war das Verhältnis zwischen Kaiser und Heer eine Kette reziproker Leistungen, die *adlocutio* eine Leistung des Kaisers, mit der er Schulden tilgen und sich im Vorgriff die Soldaten verpflichten konnte.

Caligula (37–41 n. Chr.), seinen Biographen stets gut für bizarre Akte tolldreisten Unfugs, griff zur *adlocutio*, nachdem er quer über die Bucht von Baiae eine Schiffsbrücke hatte schlagen lassen und darüber an zwei aufeinanderfolgenden Tagen mit militärischem Gefolge marschiert war. Auf dem Rückmarsch ließ er die Soldaten mitten auf der Brücke haltmachen. Cassius Dio bemerkt mit beißendem Spott: „Nach einem solchen Feldzug und nach einem so glänzenden Sieg musste er natürlich eine Ansprache halten. Er bestieg also ein entsprechend auf den Schiffen nahe der Brückenmitte vorbereitetes Podest. Erst lobte er sich selbst als den Organisator großer Unternehmungen, dann pries er seine Soldaten als Männer, die sich großer Entbehrungen und Gefahren unterzogen hätten, wobei er besonders ihre Leistung, das Meer zu Fuß überwunden zu haben, hervorhob."[33] Caligula beschenkte die Soldaten mit Geld und ließ auf der Brücke ein Fest ausrichten. Selbst bereits im Stadium der Volltrunkenheit, ließ er die Brücke mit Booten angreifen, wobei viele Soldaten ins Wasser stürzten, einige den Tod fanden.

Dio legt in aller Ausführlichkeit dar, mit welchem Aufwand die Brücke errichtet wurde und welchen Komfort sie zu bieten hatte: Entlang der nur etwas mehr als dreieinhalb römische Meilen messenden Strecke wurden Ruheplätze und Aufenthaltsräume errichtet, ausgestattet mit fließendem Trinkwasser. Für den Bau der Brücke wurden so viele Schiffe zusammengezogen, dass sogar die Getreideversorgung zusammenbrach und Rom von einer Hungersnot heimgesucht wurde. Hier treffen sich nicht nur die Klischees von Grausamkeit, Verschwendung und Widersinn. Noch mehr Bedeutung erhält die Episode dadurch, dass Caligula die Institution der *adlocutio* ihres Sinns beraubt. Er findet warme Worte für die „Entbehrungen und Gefahren", welche die Soldaten auf sich genommen hätten. Der Leser weiß es natürlich besser: Das Lob ist leere Phrase, kein *beneficium*, mit dem ein *officium* vergolten wird. Die Pervertierung des Kommunikationsaktes, der die *adlocutio* ist, entlarvt Caligula als Irren, der aus einer Caprice heraus die Spielregeln auf den Kopf stellt.

33 Cassius Dio 59, 17, 6 f.

Elagabal

Das römische Kaiserreich überlebte einen Caligula, Nero, Domitian, Commodus. Jedesmal kehrte es, nach einer kurzen Schrecksekunde, zur „Normalität" zurück. Die Senatoren diagnostizierten in ihrer literarischen Obduktion jedesmal unfehlbar Cäsarenwahn, mochte der vermeintliche Irre auch bei Soldaten oder *plebs* populär gewesen sein, wie Domitian und Commodus es tatsächlich waren. Doch allmählich wandelten sich die Parameter. An der den Prinzipat konstituierenden Fiktion senatorischer Machtteilhabe ließ sich auch bei viel gutem Willen kaum mehr festhalten. Spätestens seit severischer Zeit trat der autokratische Kern der monarchischen Ordnung unverhüllt an die Oberfläche. Der Narr im Purpur hatte damit im Grunde auch als literarische Figur ausgespielt. Er sollte sich jedoch grandios von der Bühne verabschieden: Keiner verkörperte ihn so überzeugend wie der Elagabal Cassius Dios, für den der senatorische Geschichtsschreiber noch einmal alle Register literarischer Topik zog.

Eigentlich von historischem Interesse ist aber nicht diese im Grunde konventionelle Ausgeburt imperatorischen Irrsinns, sondern der in jeder Hinsicht innovative Elagabal, den Herodian, kein Senator, demjenigen Dios gegenüberstellt: Nicht genetisch bedingte psychische Disposition, sondern seine Sozialisation im Tempel von Emesa stempelten den Syrer Elagabal zum Fremden, zum Anderen, der außerhalb der Oikumene und ihrer Grenzen stand. Dieser Elagabal agiert planhaft: In der feindlichen Übernahme des römischen Pantheon durch orientalische Gottheiten, wie Elagabal sie vorantrieb, manifestiert sich die radikale Negation des klassischen Ideals der *paideia*, das Herodians Mark Aurel verkörpert hatte. Die Frontstellung illustriert eine Episode, die sich in Nikomedeia zutrug, als sich der gerade 14-jährige Kaiser noch auf dem Weg nach Rom befand: Elagabal lässt von sich ein großes Bild anfertigen und es nach Rom senden, darauf bedacht, „dass der Senat und das Volk von Rom sich an seinen Anblick gewöhnten" (Herodian V. 5,7). Das Bild ist der Zerrspiegel, in dem der römische Leser den Barbaren erblickte, in Gestalt des Kaisers, in Tracht und Habitus ein Orientale, kein Römer.

Herodians Elagabal ist Zeuge für eine Kluft, die sich quer durch das Imperium zieht: Hier die klassische Tradition, verkörpert durch *paideia* und *mos maiorum*, dort das Fremde, Andere, Barbarische. Zwar ist der Barbarentopos in der antiken Literatur fest verankert, doch erst seine Anwendung auf den Kaiser offenbart, dass es *im* Reich Alternativen zur klassischen Tradition gibt. Die Kluft spaltet schließlich sogar den kaiserlichen Palast in zwei Lager. Unaufhaltsam strebt in der Dramaturgie Herodians die Konfrontation zwischen Elagabal und der klassischen Tradition ihrem Höhepunkt entgegen. Er ist erreicht, als zwischen dem Kaiser und seiner

Tante Julia Mamaea ein Konflikt um die Erziehung des Knaben Alexander entbrennt, Elagabals Cousins und späteren Nachfolgers. Auslöser des Streits ist der Wunsch des Kaisers, auch aus Alexander einen Priester zu machen. Dem tritt Mamaea energisch entgegen, entzieht ihren Sohn dem Einfluss des Kaisers und übergibt ihn der Obhut von Lehrern, die ihn zur Selbstbeherrschung (*sophrosis*) erziehen und im klassischen Kanon unterweisen sollen. Die kulturelle Kluft, Herodians Leitmotiv, spaltet die severische Dynastie: hier griechische *paideia* und römischer *mos* – dort, in Person des Kaisers, das Andere, Fremde, Anti-Rom. Dessen Anwort lässt nicht lange auf sich warten: Er vertreibt die Lehrer vom Hof, tötet einige von ihnen und betraut „Wagenlenker, Komödianten und Mimen" mit der Erziehung des Knaben.

Herodians Elagabal ist der Herold eines neuen Zeitalters, in dem die traditionelle politische Ordnung des Prinzipats ebenso verblasst ist wie das Inventar klassischer *paideia*, das einst die verschiedenen Reichsteile mit ihren je individuellen Traditionen verklammert hatte. Dieses Rom musste, politisch, geistig, kulturell, auf eine Krise zutreiben, in der alles davon abhing, ob der leere Torso des Weltreiches erneut mit Sinn gefüllt werden konnte. Das Vakuum füllte am Ende, wie wir wissen, das Christentum. Der Typus des Narren im Purpur aber wurde fortan nicht mehr gebraucht und historiographisch ausrangiert. Ein Kaiser, der von Gottes Gnaden war, bedurfte schließlich der Akzeptanz seiner Untertanen nicht mehr.

IX. Ein Denkmal für den Sieger: Der Titusbogen auf dem Forum Romanum

In der Galerie der Unpersonen in der jüdischen Geschichte nimmt der römische Kaiser Titus (79–81 n. Chr.) einen der vorderen Plätze ein, in einer Reihe mit dem babylonischen König Nebukadnezar, dem Seleukiden Antiochos IV. sowie neuzeitlichen Tyrannen vom Schlage eines Bohdan Chmelnitzki, des ukrainischen Kosakenführers – und natürlich der Nemesis jeglicher Zivilisation, Adolf Hitler. Am 26. September 70 n. Chr. hatte Titus mit sechs Legionen nach fünfmonatiger Belagerung die judäische Hauptstadt Jerusalem eingenommen. Obwohl damit keineswegs der letzte Widerstand gebrochen war und Bergfestungen wie Masada am Toten Meer teilweise noch Jahre der Belagerung trotzten, war damit die römische Kontrolle über eine notorische Unruheprovinz am Ostrand des Imperiums wiederhergestellt. Vier Jahre lang hatte im Heiligen Land ein blutiger Krieg zwischen der römischen Besatzungsmacht und jüdischen Aufständischen und dazu noch zwischen verfeindeten jüdischen Gruppen gewütet, der viele Städte in Trümmerlandschaften verwandelt und vor allem den Jerusalemer Tempel, bis dahin das religiöse Zentrum des Judentums, dem Erdboden gleichgemacht hatte.

Rom und die Juden

Die Einnahme Jerusalems und die Zerstörung des Tempels beendeten eine Phase des Herumexperimentierens mit dem Land zwischen Mittelmeer und Jordan, dessen Beherrschung Rom vor kaum lösbare Probleme stellte. Schon das Reich der Seleukiden, die nach dem Tode Alexanders des Großen die Herrschaft über Vorderasien angetreten hatten, war mit den für Außenstehende kaum zu verstehenden innerjüdischen Auseinandersetzungen überfordert. Die Situation eskalierte 167 v. Chr., als Antiochos IV. sich in den Disput zwischen hellenisierten und traditionalistischen Juden einmischte, den Tempelschatz plünderte und den Jahwe-Kult verbot. Er provozierte so den Makkabäer-Aufstand, der Jerusalem in einen autonomen Tempelstaat unter lediglich noch formeller seleukidischer Oberhoheit verwandelte.

Als Nachfolger des Seleukidenreichs in Syrien (seit 64 v. Chr.) erbten die Römer auch die Verantwortung für Judäa und traten fortan immer

Titusbogen im oberen Teil des Forum Romanum.

wieder als Schlichter in schier endlosen innerjüdischen Auseinandersetzungen auf. Als Sieger aus den Wirren ging schließlich der von Rom protegierte Idumäer Herodes hervor (40 v. Chr.). Er stammte aus einer einst zwangsjudaisierten Familie und stieß, auch durch sein vorbehaltloses Bekenntnis zu Rom und zur hellenistischen Kultur, in Judäa auf heftige Ablehnung. Aber Herodes lavierte meisterhaft im Dickicht der römischen Innenpolitik, und er unterdrückte brutal jeden Widerstand in Judäa. Als

Herodes starb, brachen die innerjüdischen Gräben allerdings sogleich wieder auf und konfrontierten Rom erneut mit der judäischen Frage. Augustus gab nach ernüchternden Erfahrungen mit den Nachfolgern das Modell der indirekten Herrschaft auf und unterstellte Judäa einem Prokurator, der dem Statthalter Syriens Rechenschaft schuldig war.

Die Probleme konnten auch die Prokuratoren nicht lösen. Im Gegenteil: Unter römischer Verwaltung breitete sich das von messianischen Erwartungen und charismatischen Einpeitschern angeheizte Sektierertum immer weiter aus und kollidierte in wachsendem Maß mit dem Herrschaftsanspruch Roms. Für die religiösen Eiferer, die sogenannten Zeloten, waren viele Begleiterscheinungen der römischen Herrschaft, namentlich die omnipräsenten Kaiser- und Götterbilder, völlig inakzeptabel; noch inbrünstiger als die Römer aber bekämpften sie ihre weniger radikalen Glaubensbrüder und die pro-römische, hellenisierte Bevölkerung, vor allem der Küstenstadt Caesarea. Anarchie breitete sich aus, und die Prokuratoren standen dem Geschehen völlig machtlos gegenüber. So glitt Judäa immer tiefer in einen latenten Bürgerkrieg ab, den ein kleiner Funke zum Flächenbrand ausweitete. In Jerusalem prallten Aufständische und römisches Militär direkt aufeinander, der Krieg griff bald auf alle Teile des Landes über. In der ersten Kriegsphase stolperten die inkompetent geführten Römer von Niederlage zu Niederlage.

Vespasian

Die Wende brachte erst die Ernennung des 57-jährigen Konsulars Titus Flavius Vespasianus zum Oberkommandierenden auf dem judäischen Kriegsschauplatz, der 67 n. Chr. zur Offensive überging. Vespasian operierte mit seinen insgesamt 60 000 Mann ausgesprochen erfolgreich, und noch im Sommer 67 konnten die Römer die wichtige Festung Iotapata erobern, deren Verteidiger von Flavius Josephus, dem Chronisten des Krieges, kommandiert wurden. Allen römischen Erfolgen zum Trotz tobte der Krieg noch weitere drei Jahre, mit entsetzlichen Verlusten auf beiden Seiten. Die Ernennung Vespasians war auch insofern eine Weichenstellung, als der erfolgreiche Feldherr, Oberbefehlshaber dreier Legionen, automatisch in den Mittelpunkt des Interesses rückte, als 68 n. Chr. das Regime des letzten Juliers, Nero, abgewirtschaftet hatte.

Auch Rom selbst standen nun anarchische Monate bevor. Der spanische Statthalter Sulpicius Galba marschierte an der Spitze seiner Legionen auf Rom zu und fand die Anerkennung des Senates: Der zum Staatsfeind erklärte Nero stürzte sich in das Schwert seines Sklaven. Aber auch Galba hielt sich nicht lange, denn bald fielen die mit dem sparsamen Kurs des Princeps unzufriedenen Prätorianer von ihm ab, riefen dessen Rivalen

Otho zum Kaiser aus und ermordeten Galba. Unterdessen war schon ein dritter Kommandierender General, Aulus Vitellius, der Statthalter Niedergermaniens, von seinen Soldaten zum Kaiser ausgerufen worden und befand sich mit der Rheinarmee auf dem Weg nach Rom. Am 14. April 69 n. Chr. traf er in Norditalien auf die Legionen Othos, der nach verlorener Schlacht Selbstmord beging.

Ein paar Wochen später, am 1. Juli, rief der Präfekt Ägyptens Vespasian zum Kaiser aus. Während Vespasian selbst sich nach Ägypten begab, siegte sein Heer in Italien über die Truppen des Vitellius, der sich versteckte, aber enttarnt und getötet wurde, und seine Anhänger gewannen Rom für den neuen Kaiser. Das Vierkaiserjahr 69 n. Chr. mit seinen sich überkreuzenden Usurpationen hatte zum ersten Mal die verheerende Eigendynamik erodierender kaiserlicher Macht im Prinzipat enthüllt. Da der einzelne Kaiser nicht durch Insignien, Salbung oder ein wirksames dynastisches Prinzip legitimiert war, waren kaiserfähig grundsätzlich alle Senatoren, vor allem jene, die sich durch besondere Leistungen ausgezeichnet hatten. War die Autorität eines Amtsinhabers erst unterhöhlt, so fand sich mit Sicherheit ein in Kriegsdingen versierter Prätendent an einer der aufs Äußerste militarisierten Grenzen, der seine Soldaten gegen Rom führte. Aus dem unausweichlich daraus erwachsenden Bürgerkrieg konnte nur einer als Sieger hervorgehen. Die hohe Usurpationsneigung militärischer Befehlshaber in Krisenzeiten war die Achillesferse der Prinzipatsordnung schlechthin und trieb ihren rasanten Verfall im 3. Jahrhundert voran.

Wie kein Kaiser zuvor, gründete Vespasian sein Kaisertum auf militärisches Renommee. Das Motiv des Friedens, das unter Augustus so prägnant Gestalt gewonnen und im großen Friedensaltar (Ara Pacis Augustae) seine monumentale Ausformung erhalten hatte, erlebte deshalb unter den Flaviern seine Wiederauferstehung. Zwischen 71 und 75 n. Chr. entstand an der Stelle des alten Marktes (Macellum) eine monumentale Platzanlage, das Templum Pacis (Friedenstempel), deren Kernstücke ein Saalbau mit Apsis (der eigentliche Tempel) und eine Säulenhalle waren. Das Templum Pacis wurde zu einer Schaufläche für Beutekunst. Hier wurden die Kultgeräte aus dem Jerusalemer Tempel ausgestellt, die Menora, der siebenarmige Leuchter, und die silbernen Trompeten, hier fanden auch viele Kunstwerke eine neue Heimat, die Nero aus Griechenland nach Rom hatte verbringen lassen, um seinen üppigen Palast, die Domus Aurea, zu schmücken. Werke der berühmtesten Künstler Griechenlands – die Kuh des Myron, Statuen des Phidias und Polyklets, Gemälde von Protogenes, Nikomachos und Helena – waren im flavischen Templum Pacis versammelt.

Die Bilder selbst waren so nicht nur räumlich, sondern auch gedanklich aus ihren ursprünglichen Zusammenhängen gelöst und einem universalen

Gedanken verpflichtet worden. Hier, im Herzen der Hauptstadt und im Heiligtum der flavischen Dynastie, verkörperten sie Roms Anspruch auf Weltherrschaft und das Vermögen der Flavier, ihm Geltung zu verleihen. Die römische Welt umspannte Hellas und Jerusalem, und die Werke eines Leochares oder Polyklet waren ebenso wie die Menora zur Facette einer globalisierten Weltgemeinschaft geworden. Mitten in Rom konnte man sie bestaunen und dabei die Distanz zwischen dem Haupt der Welt und ihrem Rand symbolisch überbrücken. „Friede" hatte so unversehens eine neue, weit weniger versöhnliche Bedeutung als einst unter Augustus angenommen: Die *Pax Flavia* war der universale, keinen Widerspruch duldende Machtanspruch Roms, den Vespasian und Titus gemeinsam vor Jerusalem durchgesetzt hatten. Wenn Vespasian, was seinen Vorgängern versagt geblieben war, eine Dynastie gründen konnte, dann verdankte er diesen Erfolg in erster Linie dem Charisma des Siegers, das seit dem Fall Jerusalems der gesamten flavischen Familie anhing.

Der ewige Triumph

Vespasian war 79 n. Chr. gestorben, Titus ihm in der Herrschaft nachgefolgt. Er starb nur zwei Jahre nach seinem Vater, sodass Domitian, der jüngere Bruder des Titus, im September 81 n. Chr. römischer Kaiser wurde. Domitian hatte allen Grund, an den Sieg über die Juden zu erinnern, denn ihm selbst fehlte die Gloriole des Siegers. Also verewigte er die militärischen Leistungen seiner Dynastie in einem Monument zu Ehren seines verstorbenen Bruders Titus. Der Titusbogen entstand im oberen Teil des Forum Romanum, nur ein paar Schritte vom Tempel der Venus und Roma und unweit des Kolosseums, des gigantischen, unter Vespasian errichteten Amphitheaters.

Der Titusbogen überspannt die Via Sacra, die alte Haupt- und Prozessionsstraße des Forum Romanum. Der eintorige Bogen aus pentelischem Marmor misst 15,40 Meter in der Höhe, 13,50 Meter in der Breite und 4,75 Meter in der Tiefe. Die Fassade ist durch Halbsäulen mit Kompositkapitellen vertikal gegliedert. Die Schlusssteine über den Bögen stellen die Göttin Roma und der Genius des römischen Volkes dar. Die Zwickel rechts und links davon füllen Abbildungen von Siegesgöttinnen mit Feldzeichen. Das schlichte Attikageschoss ziert an der Ostseite eine Inschrift: „Der Senat und das römische Volk, dem vergöttlichten Titus Vespasianus Augustus, dem Sohn des vergöttlichten Vespasian." Sie erlaubt die Datierung des Bauwerks in die Zeit nach dem Tod des Titus. Ein schmaler, nur bruchstückhaft erhaltener Fries zwischen Torbogen und Attika zeigt den Triumphzug, mit dem Titus und Vespasian ihren Sieg begingen: Die Verkörperung des Jordan liegt auf einer Trage, bezwungen von den Legionen Roms.

Tyrann in Trümmern: Überreste einer überdimensionalen Domitian-Statue, Ephesos-Museum Selçuk.

Ein römischer Triumphzug war ein öffentliches Ritual etruskischen Ursprungs. Ursprünglich eine religiöse Prozession, die dem kapitolinischen Jupiter die Kriegsbeute darbrachte und das Heer von den Übeln des Krieges reinigte, wandelte sich der Triumph immer mehr zu einem Schaulaufen für den Sieger, das politischer Instrumentalisierung Tor und Tür öffnete. Nicht umsonst reklamierten die Kaiser das Recht, einen Triumphzug abzuhalten, allein für sich und ihre Angehörigen. Der Zug führte von der Stadtgrenze über das Marsfeld, durch die Porta Triumphalis und den Circus Maximus auf das Forum Romanum. Von dort bewegte er sich, gesäumt von Menschenmassen, auf das Kapitol. Voran schritten dem Zug Senatoren, Beamte und Musiker, es folgten Bilder, auf denen das Kriegsgeschehen dargestellt war, schließlich die Kriegsbeute (einschließlich prominenter Kriegsgefangener). Den Abschluss bildeten der siegreiche Feldherr auf einer Quadriga, dem Liktoren voranschritten, und sein Heer. Der Triumphator trug eine purpurne Toga und eine bestickte Tunika, sein Gesicht war mit Bleifarbe rot gefärbt. Auf dem Wagen begleitete ihn ein Sklave, der ihm einen goldenen Kranz über das Haupt hielt und ihm immer wieder ins Ohr flüsterte: *memento mori* – „bedenke, dass du sterblich bist."

Ein steinerner Triumphbogen bedeutete gewissermaßen die Verlängerung des Triumphes in die Ewigkeit. Römische Kaiser haben immer wieder von dieser Möglichkeit Gebrauch gemacht: Septimius Severus (193–211 n. Chr.) erinnerte mit seinem Bogen an der Westseite des Forum Romanum an seine Siege über die Parther, der Konstantins-Bogen vor dem Kolosseum feierte den Sieg Konstantins des Großen (306–337 n. Chr.) über Maxentius bei der Milvischen Brücke (312 n. Chr.). Beide Bögen sind wesentlich größer als der Titusbogen, dreitorig (mit einem größeren Mitteltor und kleineren Seitentoren) und in Baugliederung und Dekor weitaus aufwendiger.

Verglichen mit den späteren Prachtbögen ist die Bildersprache des Titusbogens vergleichsweise schlicht, aber deshalb nicht weniger wirkungsvoll. Kernstück des Bauwerks sind die beiden Reliefs, die auf den Innenseiten des Durchgangs angebracht sind. Das Relief der Südseite zeigt den Zug beim Passieren der Porta Triumphalis. Rechts ist der Torbogen zu sehen, auf den sich die Träger mit dem Beutegut zubewegen. Auf zwei Tragen verteilt ruht der Tempelschatz: die Menora, die Posaunen und der Schaubrottisch, auf dem die Priester im Jerusalemer Tempel Jahwe am Sabbat ihr Brotopfer darbrachten. Hinter der Szenerie laufen Soldaten mit Tafeln, die den Zuschauern die Bedeutung der Gegenstände erklärten.

Die Botschaft überschneidet sich mit der des Templum Pacis, in dem die Kultgegenstände nach dem Triumphzug Aufstellung fanden. Die Konzeption des Friedens ist hier wie dort dieselbe. Der Jüdische Krieg war die Auseinandersetzung mit einer religiösen Gruppe, die schwer zu durchschauen und deshalb politisch auch kaum zu integrieren war. Nun hatten Roms Waffen den Sieg über die Juden davongetragen und seine Soldaten die Gerätschaften des Jahwe-Kults im Triumph nach Rom gebracht. Der Tempel war zerstört, der Tempelzehnte in eine Sondersteuer für Juden umgewandelt worden: Dem bedrohlichen Fremden war damit die materielle Grundlage entzogen worden. Durch die Erbeutung von Menora, Posaunen und Schaubrottisch hatte sich Rom die Macht des geheimnisvollen Kults angeeignet.

Das Kultgerät bestach im Triumphzug auch dadurch, dass es den Blick freigab auf eine exotische Bilderwelt, aus der sich die fundamentale Andersartigkeit des Gegners offenbarte. Anders als die Kultbilder von Griechen und Römern, die durchweg Menschengestalt hatten, waren die heiligen Gegenstände der Juden abstrakt, lediglich einer symbolischen Betrachtung zugänglich. Ihre fremdartige, verstörend unverständliche Zeichenwelt machte Zuschauern des Triumphzuges und Betrachtern des Bogens verständlich, dass man es mit einem Gegner zu tun gehabt hatte, der nicht an den Maßstäben der Oikumene zu messen war. Die Juden waren die Anderen schlechthin, und erst die Einnahme Jerusalems durch Titus hatte dem römischen Frieden wieder zu Geltung verholfen.

Den strahlenden Sieger erblickt man auf dem Relief der gegenüberliegenden Seite. Er steht auf dem Viergespann, das von Roma, links im Bild, selbst am Zügel geführt wird. Victoria hält dem Triumphator den Siegerkranz über das Haupt, es folgen allegorische Darstellungen von Senat und römischem Volk sowie Liktoren. Die Gruppe verkörpert die Antithese zu den bedrohlich fremden Kultgeräten der gegenüberliegenden Seite: die durch den Kaiser und die Institutionen garantierte Ordnung eines Weltreichs. Während Rom mit dem Sieg den Normalzustand der Pax Romana wiederherstellte, brach für das Judentum eine Übergangsperiode an, die es noch stärker als bisher zu einer Diaspora-Religion werden ließ. Die Zerstörung des Tempels und der Zerfall der religiösen Infrastruktur stellte die Religion vor erhebliche Herausforderungen und mittelfristig auf ganz neue Grundlagen: Die theologische Interpretation der Schrift und ihre Ausdeutung zu praktischen Handlungsdirektiven für eine durch das Zusammenleben mit Nichtjuden bestimmte Gegenwart traten nun massiv in den Vordergrund. Die Diaspora war endgültig zur die Judenheit beherrschenden Lebensform geworden.

Das Reich, dem die Juden ihre neue Existenz in der „Zerstreuung" verdankten, schien nach menschlichem Ermessen für die Ewigkeit bestimmt. Doch seit dem 3. Jahrhundert häuften sich Krisen und Niederlagen. Auf den nicht mehr auszuschließenden Fall Roms richteten sich heilsgeschichtliche Erwartungen, auch vieler Juden: Man wähnte die Ankunft des Messias nahe, vielleicht gar die Apokalypse. Als Rom dann tatsächlich fiel und ein Raub der Barbaren wurde, geschah nichts dergleichen. Seine Rolle als politisches Kraftzentrum der römischen Welt hatte es ohnehin längst an Konstantinopel abgegeben. Mit den anderen Bauwerken des Forum Romanum teilte der Titusbogen das Schicksal, nach dem Untergang des Reiches seine Funktion als Erinnerungsort zu verlieren und als marmornes Relikt einstiger Größe allmählich in Vergessenheit zu geraten. Was nicht den Kalköfen des mittelalterlichen und frühneuzeitlichen Rom zum Opfer fiel, verschwand unter einer immer dicker werdenden Humusschicht: Der einstige Nabel der Welt war zur Kuhweide geworden.

X. Dominus et Deus: Domitian und die Nemesis der Macht

Ein Kaiser stirbt nicht im Bett. Domitian tat seinen letzten Atemzug nicht im Bett, wohl aber im kaiserlichen Schlafgemach, inmitten der gewaltigen Gebäudemasse jenes Palastes, den er selbst sich auf dem Palatin errichtet hatte. Dieser Palast, die *domus Flavia*, beherrscht mit ihren mächtigen Substruktionsbauten noch heute die Südwestflanke des Palatins. Wie ein Berg türmt sie sich über dem Circus Maximus auf. In der prachtvollen Residenz monumentalisiert sich die Erinnerung an einen Kaiser, dessen Andenken auf offiziellen Senatsbeschluss überall im Reich getilgt wurde. Nach seiner Ermordung am 18. September 96 n. Chr. ereilte den letzten Flavier die *damnatio memoriae*: Seine Statuen wurden verstümmelt, sein Name auf Inschriften sorgsam ausgemeißelt, seine Gesetze verloren ihre Wirkungskraft.

Domitians Ermordung waren, wie jedem Ereignis vergleichbarer Tragweite in Rom, unheilvolle Vorzeichen vorausgegangen. Die post festum schreibenden Geschichtsschreiber Sueton und Cassius Dio, deren Berichten wir unsere Informationen über den Mordfall verdanken, wissen von Blitzeinschlägen, sinistren Träumen und Omina zu berichten. Ob nun durch höhere Einsichten vorgewarnt oder nicht, Domitian war ein misstrauischer Herrscher. Aus Furcht vor Verschwörungen und Attentaten sprach er unzählige Todesurteile und Verbannungen aus, förderte das Denunziantentum und ließ seine Mitbürger bespitzeln. Unter seinem Kopfkissen hielt der argwöhnische Kaiser für den Fall der Fälle einen Dolch verborgen.

Alle Vorsicht war, wie sich zeigen sollte, vergebens. In den Mittagsstunden des 18. September wendet sich Parthenius, der Befehlshaber der Palastwache, mit der Mitteilung an den Kaiser, Stephanus, ein Freigelassener seiner Nichte Flavia Domitilla, habe ihm eine wichtige Nachricht zu überbringen. Bereitwillig begibt sich Domitian in sein Schlafgemach, wo Stephanus auf ihn wartet. Unvermittelt beginnt der Freigelassene, mit einem Dolch auf den Kaiser einzustechen. Domitian, seit 15 Jahren auf dem römischen Thron und ein Mann in den besten Jahren, wehrt sich nach Kräften, fasst den Dolch bei der Klinge und versucht, ihn mit blutenden Händen dem Angreifer zu entreißen. Opfer und Täter ringen auf dem Fußboden miteinander, ein Page läuft zum Bett des Kaisers, sucht die unter dem Kopfkissen verborgene Waffe und findet – nichts. Aus ihren Verstecken dringen weitere Männer und töten den Kaiser mit wenigstens acht Messerstichen. Domitian verblutet auf dem Marmorfußboden des von ihm errichteten Palasts.

Der Angreifer Stephanus ist erkennbar kein Einzeltäter. Nichts hat man dem Zufall überlassen. Vorsorglich hat ein Komplize den unter dem kaiserlichen Kopfkissen bereitliegenden Dolch entfernt. Und als Stephanus im Ringkampf mit dem physisch überlegenen Kaiser den Kürzeren zu ziehen droht, eilen ihm sogleich in Nischen und hinter Vorhängen postierte Komplizen zu Hilfe – und entsorgen den Attentäter, so jedenfalls der Bericht des Cassius Dio, als Hauptbelastungszeugen gleich mit.

Wer war dieser Domitian, den uns die Quellen unisono als grausamen, paranoiden Autokraten schildern? Was für Motive trieben die Attentäter zu ihrer Tat? Und welche Bedeutung hatte der Anschlag für den Fortgang der römischen Geschichte? Anders ausgedrückt: War der 18. September 96 ein historischer Wendepunkt? Um diese Fragen beantworten zu können, ist etwas weiter auszuholen. Domitian als historische Gestalt bleibt unverständlich ohne Wissen um die spezifische politische Konstellation des späten 1. Jahrhunderts n. Chr., diese wiederum ohne Kenntnis der komplizierten Mechanik jenes Systems, das wir, in Ermangelung einer adäquaten antiken Terminologie, den Prinzipat nennen.

Herrschen ohne Legitimität: Der Prinzipat

Die Geschichte des römischen Kaisertums beginnt mit einer anderen Bluttat, dem Mord an Julius Caesar, dem Diktator, an den Iden des März 44 v. Chr. Caesar hatte kurz zuvor die ihm von seinem Gefolgsmann Marcus Antonius angetragenen Königsinsignien abgelehnt, aber er ließ keinen Zweifel daran, wer in Rom das Sagen hatte: Caesar – und sonst niemand. Nach seinem Sieg über den Rivalen Pompeius hatte Caesar versucht, seine einstigen Gegner mit seiner Herrschaft auszusöhnen; diese aber beruhte allein auf der Macht, die ihm durch die bedingungslose Gefolgschaft seiner Legionen zuwuchs. Die römische Nobilität, die vornehmen Senatoren, die sich durch den unverhüllten Herrschaftsanspruch des *dictator perpetuus* um ihren Einfluss und ihren Machtanteil betrogen sahen, sannen auf Rache – und hatten sie gefunden, als Caesars Blut an den Iden des März über die Stufen des Pompeius-Theaters rann.

Kurz nach der Tat trat Caesars Großneffe Gaius Octavius auf den Plan, den der postum zum Gott erklärte Diktator testamentarisch als seinen Adoptivsohn und Erben eingesetzt hatte. Im Konflikt mit seinen Rivalen, erst den Caesar-Mördern, dann dem Caesar-Gefolgsmann Marcus Antonius, bewies Octavius, der sich nun selbst Gaius Julius Caesar *divi filius* („Sohn des Vergöttlichten") nannte, das überlegene strategische Geschick und den längeren Atem: Bei Actium in Griechenland besiegte er Antonius vernichtend (31 v. Chr.) und trieb ihn so in den Selbstmord. Octavius bewies, dass er aus Caesars Fehlern gelernt hatte. Faktisch war er nun Alleinherrscher, so wie sein Adoptivvater 44 v. Chr. Alleinherrscher gewesen war: Ihm gehorchten die Legionen. Doch statt seinen Herrschaftsanspruch demonstrativ und für alle sichtbar mit der Häufung von Ämtern kundzutun, gab Octavius dem Senat die ihm übertragenen außerordentlichen Vollmachten zurück. Faktisch war die Republik längst tot, doch Augustus stellte sie der Form nach in einem hoch symbolischen Staatsakt am 13. Januar 27 v. Chr. wieder her. Dafür ehrte der Senat Octavius, der sich bescheiden lediglich *princeps* („erster Bürger") nannte, einige Tage später mit dem Titel *Augustus* („der Erhabene").

Der nunmehrige Augustus war damit, nicht anders als zuvor Caesar, im Kern ein Militärdiktator, dessen Macht der Ruch des Irregulären, Gewaltsamen anhaftete, emporgewachsen aus einem Jahrhundert des Bürgerkriegs. Doch anders als Caesar hatte Augustus begriffen, dass neben dem Militär noch andere Gruppen existierten, die über hinreichend soziale Kohäsion und Energie verfügten, um seiner Herrschaft potenziell gefährlich zu werden. Da waren zunächst die Senatoren, die er in das neue Machtgefüge zu integrieren hatte. Werben musste der Princeps auch um die Gunst der *plebs urbana*, der stadtrömischen Unterschicht, die in der späten Republik zu einem politischen Faktor herangewachsen war. Militär, Senatoren und *plebs urbana* – dieses Dreigestirn gesellschaftlich relevanter Gruppen wurde weit über den Tod des Augustus hinaus zur Basis der Prinzipatsordnung.

Um akzeptiert zu werden, hatten die Kaiser zunächst durch effizientes Regieren und militärische Sieghaftigkeit zu überzeugen. Entscheidend war aber auch, dass er in der Kommunikation mit den entscheidenden Pressure-Groups den richtigen Ton fand. Für jede der drei Gruppen gab es ein anderes Forum: Mit dem Militär kommunizierte der Kaiser auf Feldzügen, bei Truppenbesuchen und Manövern, mit den Senatoren bei Gastmählern und mit der *plebs urbana* im Circus und durch den Beweis seiner Großzügigkeit, vor allem in der Versorgung der Hauptstadt mit Getreide. Die einzelnen Kommunikationsakte liefen nach streng ritualisiertem Muster ab, mit festen Spielregeln. Verstieß ein Herrscher gegen die ungeschriebenen Gesetze der Prinzipatsordnung, versagte er also in der Kommunikation mit den relevanten Gruppen, so waren seine Tage gezählt. Die Prinzipatsordnung als solche stand spätestens seit der Thronbesteigung des Tiberius, der 14 n. Chr. das Erbe des Augustus antrat, nicht mehr zur Debatte. Der einzelne Kaiser aber konnte nur allzu leicht über die Fallstricke der politischen Kommunikation stolpern – womit er unweigerlich sein eigenes Todesurteil unterschrieb.

Von Jerusalem nach Rom: Die Flavier

Der Erste, der die Unwägbarkeiten der von Augustus geschaffenen Ordnung am eigenen Leibe zu spüren bekam, war dessen Nachnachfolger Caligula (37–41 n. Chr.), den unter nicht ganz zu klärenden Umständen Offiziere seiner eigenen Prätorianergarde ermordeten. Knapp drei Jahrzehnte später wiederholte sich das Szenario, doch jetzt in ungleich krisenhafterer Zuspitzung: Nero (54–68 n. Chr.) hatte seinen Kredit bei zwei der relevanten Gruppen, den Senatoren und den Militärs, restlos verspielt. Schon 65 n. Chr. hatte sich eine senatorische Verschwörergruppe um den Konsular Lucius Calpurnius Piso gebildet, war aber verraten worden. Drei Jahre später überkreuzten sich gleich mehrere Usurpationen in nahezu allen Teilen des Reiches, ein blutiger Bürgerkrieg zwischen den Prätendenten entbrannte. Die in den Provinzen stationierten Heere waren sich ihres Machtpotenzials bewusst geworden und hoben nun in rasanter Folge ihre senatorischen Befehlshaber auf den Schild. Der Schlüssel zur Herrschaft, das *arcanum imperii*, wie es der Historiker Tacitus ausdrückte, lag nicht mehr in Rom, sondern an den Außengrenzen des Riesenreiches.

Siegreich blieb am Ende der Prätendent mit der größten Heeresmacht in seinem Rücken und einem überragenden Prestige als militärischer Führer: Titus Flavius Vespasianus, 60-jähriger Konsular aus dem Sabinerland. Vespasian hatte 66 n. Chr. den Oberbefehl in Judäa übernommen, wo lokale Aufstände gegen Rom sich zum Flächenbrand ausgeweitet hatten (seit 64 n. Chr.). Er eroberte die Festungen Gabara und Iotapata und unterwarf Galiläa (67 n. Chr.). Als Nero 68 n. Chr. ermordet wurde, hatte er soeben Jerusalem eingekesselt und stand im Begriff, den Feldzug zu einem siegreichen Ende zu führen. Die sich überschlagenden Usurpationen Galbas, Othos und des Vitellius wartete Vespasian zunächst ab, doch am 1. Juli 69 rief ihn das ägyptische Heer auf Veranlassung des dortigen Präfekten zum Kaiser aus, wenige Tage später folgten die judäischen und die syrischen Legionen. Nun, da die konzentrierte Heeresmacht der östlichen Provinzen hinter Verspasian stand, fielen immer mehr Truppen zu ihm ab, vor allem die Donaulegionen unter Antonius Primus, denen der amtierende Kaiser Vitellius in Rom wenig entgegenzusetzen hatte. Er kam beim Einzug der Vespasian-Anhänger in Rom ums Leben. In Abwesenheit übertrug am 22. Dezember 69 der Senat Vespasian den Augustus-Titel und die tribunizische Gewalt, seit Augustus wichtigste formale Grundlage des Kaisertums. Wenig später wurde die *lex de imperio Vespasiani* erlassen, das sogenannte „Bestallungsgesetz“, das die Kompetenzen des neuen Kaisers regelte. Es ist nicht unbedingt das erste, wohl aber das erste erhaltene derartige Gesetz und setzte den Schlusspunkt hinter die erste existenzbedrohende Krise der Prinzipatsordnung. Die dem System innewohnenden

Schwächen waren spätestens mit dem Vierkaiserjahr 69 n. Chr. offenbar geworden.

Unter der Führung von Vespasians älterem Sohn Titus zogen die römischen Truppen unterdessen in Jerusalem ein (69 n. Chr.). Damit war zwar der Krieg noch nicht eigentlich beendet – in Judäa hielten sich noch die Festungen Machairos und Masada, deren Einnahme den Römern einen hohen Blutzoll abverlangte (bis 73 n. Chr.) –, doch feierte Vespasian gemeinsam mit Titus einen glanzvollen Triumph, auf dem auch die Kultobjekte aus dem Jerusalemer Tempel zur Schau gestellt wurden, darunter die Menora, der siebenarmige Leuchter. Den Triumph verewigt symbolisch der Reliefschmuck des Titusbogens auf dem Forum Romanum.

Militärische Sieghaftigkeit, die Vespasian und Titus in Judäa unter Beweis gestellt hatten, wurde zum Kern des „Programms" der neuen Dynastie. Sie wurde folgerichtig auch beim Werben um die Akzeptanz der relevanten gesellschaftlichen Gruppen in den Mittelpunkt gestellt. Vespasian und Titus wussten natürlich um die Bedeutung der „richtigen" Kommunikation mit dem Militär, entsprechend großzügig zeigten sie sich den Soldaten gegenüber. Den Senatoren und der *plebs urbana* enthüllte sich das Programm der Flavier in einem neuen Baukomplex unweit des Forum Romanum: dem sogenannten Templum Pacis mit seinen allegorischen Figurenfriesen. Während so begrifflich an die Pax Augusta angeknüpft wurde, die einst in der Ara Pacis, dem Friedensaltar des Augustus Gestalt gewonnen hatte, verdeutlichen die Bilder, dass „Frieden" unter den Flaviern eine völlig neue Bedeutung angenommen hatte: Er war nicht bloß die Abwesenheit von Krieg, sondern gleichbedeutend mit dem in zähem Kampf errungenen zivilisatorischen Primat Roms. Hierfür hatte man den inneren Gegner, den Vespasian und Titus in Judäa besiegt hatten, in einen äußeren, zivilisatorisch völlig fremden Feind umzudeuten: eben die Juden als die kulturell Anderen, wie sie im Reliefschmuck des Titusbogens begegnen.

Dominus et deus: Eine neue Herrschaftskonzeption schält sich heraus

Hatten es Vespasian und Titus als Sieger im Jüdischen Krieg nicht schwer, sich den Adressaten ihrer Selbstdarstellung als Garanten römischer Sieghaftigkeit zu empfehlen, so ging Domitian, der die entscheidenden Jahre in Rom verbracht hatte, jeglicher militärische Nimbus ab. Er konnte, nachdem er knapp 30-jährig dank des frühen Todes seines Bruders Titus auf den Thron gelangt war (81 n. Chr.), nicht auf eigene militärische Erfolge verweisen. Ein möglicher Weg hätte nun darin bestanden, zur augusteischen Prinzipatskonzeption zurückzukehren, ein anderer darin, selbst möglich rasch nach militärischen Meriten zu streben. Wirklich begab er sich bald auf den germanischen Kriegsschauplatz und schloss einen Feldzug gegen die Chatten mit einem Triumph ab (83 n. Chr.).

Doch ging Domitian zur ideellen Begründung seines Kaisertums einen anderen, innovativen Weg: Kaum ein Kaiser vor ihm hatte an dem fiktionalen, aber für den Prinzipat fundamentalen Dogma gerüttelt, der Prinzeps sei lediglich ein alle anderen an Autorität überragender Standesgenosse der Senatoren. Domitian brach mit dieser Doktrin, und zwar gründlich: Er ließ sich auf zehn Jahre zum Konsul (84 n. Chr.) und zum Zensor auf Lebenszeit wählen (85 n. Chr.), legte im Senat die Tracht eines Triumphators an und beanspruchte die Anredeformel *dominus et deus* („Herr und Gott"). In beiden Begriffen artikulierte sich die Asymmetrie im Verhältnis des Kaisers zu seinen nun explizit als solche verstandenen Untertanen: *dominus* war der Herr vor seinen Sklaven, Göttlichkeit nach römischem Verständnis der Ausdruck des eklatanten Rangunterschieds zwischen den Objekten und den Subjekten kultischer Verehrung.

Die Barriere zwischen Herrscher und Beherrschten derart sicht- und fühlbar zu machen, war in Rom ohne Präzedenzfall. Sie gewann steinerne Gestalt in der *domus Flavia*, just jenem von ihm gebauten Kaiserpalast, in dem Domitian sein gewaltsames Ende fand. In dem Gebäude fanden öffentlicher und privater Raum in einer komplexen Einheit zusammen. Der Kaiser konnte in den drei großzügig dimensionierten Speisesälen des Palasts womöglich 500 Gäste zugleich bewirten. Den Gastmählern wohnte der Kaiser in nur ihm vorbehaltenen Apsiden bei, die bei physischer Präsenz zugleich eine Sphäre der Entrücktheit konstituierten. Symbolisch hätte die Grenze zwischen dem Kaiser und seinen senatorischen Gästen nicht klarer gezogen werden können.

Kaum überraschend fand die herrscherliche Attitüde, die Senatoren auf Distanz zu halten, bei den Angehörigen dieses Standes wenig Beifall. Plinius etwa verglich – aus sicherer zeitlicher Distanz – die Leutseligkeit eines Trajan mit der kühlen Entrücktheit Domitians. Doch hatte gerade sie Methode. Sie war für das Programm des Kaisers sogar alternativlos: Wollte er seine Herrschaft auf mehr gründen als lediglich die Akzeptanz von Senatoren, Militär und *plebs urbana*, so musste er die Parameter der Kommunikation radikal verändern. Nicht als Standesgenosse hatte er den Senatoren gegenüberzutreten, sondern als Übermensch, den seine pure Machtvollkommenheit in die Sphäre des Göttlichen hob. Um dem römischen Kaisertum eine charismatische Komponente zu geben, war es unerlässlich, den Prinzeps als *dominus et deus* gleichsam neu zu erfinden.

Die Nemesis der Macht

Domitian pokerte hoch. Viel war zu gewinnen: Die dem Prinzipat inhärente Instabilität, die das Akzeptanzprinzip bedingte, hätte sich durch eine charismatische Aufladung des Kaisertums überwinden lassen. Doch war andererseits die erniedrigende Distanzierung der Senatoren, ohne die herrscherliches Charisma nicht zu haben war, ein eklatanter Verstoß gegen die ungeschriebenen Spielregeln der Prinzipatsordnung. Wie sich zeigen sollte, verfügte die Senatsaristokratie noch über hinreichend soziale Kohäsion, um dem Kaiser die Demütigung heimzuzahlen. Domitian verlor sein riskantes Spiel.

Zu professionell war die Bluttat des Jahres 96 ausgeführt worden, um das Werk eines Einzeltäters oder einer kleinen Gruppe subalterner Domestiken zu sein. Und tatsächlich treten hinter den Ereignissen, die auf Domitians Ermordung folgten, die Konturen einer weitverzweigten Verschwörergruppe hervor. Vermutlich beide Konsuln, wenigstens einer der beiden Prätorianerpräfekten und zahlreiche hochrangige Senatoren, darunter mehrere Konsulare, waren Mitverschwörer oder doch wenigstens Mitwisser des Coups. Verstrickt in die Verschwörung war auch der neue Kaiser Marcus Cocceius Nerva (96–98 n. Chr.), ein schon betagter Konsular und evidentermaßen ein Kandidat des Übergangs. Hinter Nerva wiederum standen bereits einflussreiche aristokratische Netzwerke mit Zentren in Gallien und Spanien bereit, welche die folgende Periode der Adoptivkaiser politisch prägen sollten.

Domitians Projekt eines auf Charisma statt Akzeptanz gründenden Kaisertums war damit vorerst gescheitert. Nerva und seine Nachfolger kehrten zu einem traditionelleren Prinzipatsverständis zurück, in dem die Senatoren ihre alte Rolle als Standesgenossen des Kaisers wiederfinden konnten. Doch führt vielleicht von Domitian über Kaiser wie Commodus, Elagabal, Aurelian und Diokletian, die alle dem Dilemma der augusteischen Prinzipatsordnung mit ihrer doppelbödigen Verbrämung des absoluten Machtanspruchs auf unterschiedlichen Wegen zu entrinnen suchten, ein dünner roter Faden bis zu Konstantin dem Großen, der, indem er das Gottesgnadentum für die römischen Kaiser entdeckte, den Weg in die Zukunft wies.

XI. Wahnwitziger als Nero, grausamer als Domitian: Der merkwürdige Kaiser Elagabal

Die römische Kaisergeschichte verzeichnet skurrile Exzentriker, grausame Despoten und perverse Wollüstlinge in einer Dichte, die fragen lässt, wie das Imperium unter solchen Herrschern so lange so erfolgreich den antiken Mittelmeerraum beherrschen und alle Rivalen in die Schranken weisen konnte. Die debile Brut aller römischen Dynastien stellte, folgen wir den römischen Gewährsleuten, ein Jüngling in den Schatten, der um das Jahr 204 n. Chr. im syrischen Emesa unter dem Namen Varius Avitus zur Welt kam. Seiner Abstammung nach zum Hohepriester einer lokalen Gottheit bestimmt, machte das Schicksal ihn noch im Knabenalter zum römischen Kaiser. In die Annalen ging er unter dem Namen seines Gottes ein, dessen Kult er in Rom heimisch zu machen suchte: Elagabal.

Stadt des Sonnenkults

Die Stadt Emesa hatte, als Elagabal zur Welt kam, bereits eine bewegte Geschichte hinter sich. Als das Seleukidenreich im 1. Jahrhundert v. Chr. in Trümmer fiel, bemächtigten sich wandernde Stämme weiter Teile Syriens. Einer von ihnen, die Emesener, schritt im mittleren Orontestal, um das heutige Homs, zur Landnahme, ging allmählich zur sesshaften Lebensweise über und errichtete ein kleines Fürstentum mit einer Dynastie, die verwandtschaftliche Bande zu den übrigen Herrscherhäusern des fragmentierten Vorderasien unterhielt. Die meisten dieser lokalen Dynastien fielen, längst im Bannkreis Roms, in flavischer Zeit (69–96 n. Chr.) einer umfassenden politischen Flurbereinigung zum Opfer, welche die bis dato von Rom indirekt beherrschten Teile Syriens der gleichnamigen Provinz einverleibte.

Die Hauptrolle spielte in Emesa fortan eine Familie, welche die Priesterschaft der lokalen Gottheit Elagabal wie einen Erbhof verwaltete. Ob die Priesterdynastie von der alten Königsfamilie abstammte, wird sich nie klären lassen, und Rätsel gibt auch der Gott auf, dessen Kult die Priester im Heiligtum vorstanden. Dem Namen nach ursprünglich eine lokale Berggottheit, wurde Elagabal als Sonnengott verehrt, weshalb spätere Zeiten seinen Namen zu „Heliogabalos“ verballhornten. Der Gott besaß kein anthropomorphes

Erstickt unter Rosen: Das Ölgemälde „The Roses of Heliogabalus" (1888) von Lawrence Alma-Tadema illustriert Elagabals vermeintlichen Hang zu Bizarrem und Dekadenz.

Kultbild, wie es für griechische und römische Gottheiten charakteristisch war, sondern wurde in Gestalt eines konischen Meteorsteins (*baitylos*) verehrt, der im Tempel verwahrt wurde. Die Priesterdynastie aus Emesa wäre wohl nie zu welthistorischer Bedeutung gelangt, hätte nicht um 187 n. Chr. ein verwitweter römischer Senator afrikanischer Herkunft um die Hand Julia Domnas, eines ihrer weiblichen Mitglieder, angehalten: Septimius Severus war zu dieser Zeit Statthalter der Provinz Gallia Lugdunensis und hoffte, durch die Verbindung mit der syrischen Familie seine Position im Geflecht rivalisierender aristokratischer Netzwerke zu verbessern. Seine Hoffnung trog nicht: Sechs Jahre nach der Hochzeit war er Kaiser (193–211 n. Chr.), die emesenische Priesterfamilie mit ihrem zahlreichen Anhang ein wichtiger Zweig der kaiserlichen Familie.

Als Septimius Severus 211 im britannischen Eboracum (York) das Zeitliche segnete, bestiegen die Söhne Julia Domnas, Bassianus, genannt Caracalla, und Geta, den Kaiserthron. Ihre Doppelherrschaft währte nicht für lange: Noch im Jahr ihrer gemeinsamen Thronbesteigung erschlug Caracalla den jüngeren Geta, wie es heißt, in den Armen seiner Mutter. Als 217 n. Chr. bei der Vorbereitung eines Feldzugs gegen die Parther Caracalla selbst das Opfer einer Militärverschwörung wurde, schien auch das Ende der Dynastie besiegelt. Der neue Kaiser, Caracallas Prätorianerpräfekt Opelius Macrinus, agierte jedoch vorsichtig und war auf gutes Einvernehmen mit Julia Domna und deren weiblichem Familienanhang – Domnas Schwester Julia Maesa sowie deren Töchter Julia Sohaemias und Julia Mamaea – bedacht.

Durch den Versöhnungskurs des Macrinus keineswegs besänftigt, sannen die severischen Frauen auf Rache. Zwar scheiterte die bereits unheilbar kranke Julia Domna mit ihren Versuchen, in den Garnisonen der orientalischen Provinzen Stimmung gegen den Kaiser zu machen, und beging Selbstmord; doch präsentierte Julia Mamaea den in Emesa stationierten Soldaten bald einen Kandidaten, den das an der Dynastie haftende Charisma unschlagbar zu machen versprach: Varius Avitus, den Sohn der Sohaemias, ihren eigenen Enkel, just jenen Knaben, der als Priester seine Pflichten für den Gott Elagabal versah. Um seine Position im nunmehr unvermeidlichen Konflikt mit Macrinus noch zu verstärken, gaben sie ihn als leiblichen Sohn des beim Militär populären Caracalla aus. Die Soldaten akklamierten dem gerade 14-Jährigen als ihrem neuen Kaiser, und das Schicksal nahm seinen Lauf.

Stand der Prätendent erst einmal fest, so folgte die Usurpation im Imperium Romanum dem immer gleichen Drehbuch: Der Amtsinhaber, zur Reaktion gezwungen, setzte seine Truppen gegen den Usurpator in Marsch, und es entbrannte ein blutiges Gemetzel, das erst in dem Moment sein Ende fand, da der Schwächere auf dem Schlachtfeld gefallen oder anderweitig aus dem Weg geschafft war: nicht selten von seinen eigenen Soldaten, im Bestreben, die Niederlage doch noch in einen Sieg umzubiegen. Dieses Schicksal ereilte, nach mehreren militärischen Misserfolgen auf syrischen Schlachtfeldern, den unglücklichen Macrinus, der auf der Flucht in Kleinasien ein unrühmliches Ende fand (218 n. Chr.).

Der doppelte Elagabal

Elagabal hatte den Sieg davongetragen und war nunmehr Kaiser, ins Amt gespült durch das Prestige seiner Familie sowie ihren Rückhalt im Militär und in den Elitenzirkeln der orientalischen Städte. Aber er hatte es nicht eilig damit, nach Rom, in die Hauptstadt des Reiches, zu kommen. Den Winter 218/219 verbrachte er in Nikomedeia, unweit der Nahtstelle zwischen Asien und Europa. Bis zu diesem Punkt stimmen die Darstellungen der beiden gewichtigsten Gewährsleute, die des bithynischen Senators Cassius Dio (auf dem wiederum die Schilderung der Historia Augusta hauptsächlich fußt) und jene Herodians, der mit einiger Wahrscheinlichkeit aus dem syrischen Antiocheia stammte, bis auf Nuancen überein. In Nikomedeia lässt Herodian seinen Protagonisten eine scheinbar nebensächliche Handlung begehen, die ihn von der kanonischen Imago des irrsinigen Imperators abgrenzt und zum planhaft agierenden Handlanger einer bösen Macht werden lässt: Elagabal befiehlt, von sich ein großes Bild anzufertigen und es nach Rom zu senden, darauf bedacht, „dass der Senat und das Volk von Rom sich an seinen Anblick gewöhnten".[34]

Die Episode setzt zweierlei voraus: dass Elagabal aus römischer Perspektive „anders" war, ein Fremder, der sich in Kleidung und Habitus deutlich vom Bild eines Römers oder – was in der Osthälfte des eine Doppelzivilisation repräsentierenden Reiches praktisch dasselbe bedeutete – Griechen unterschied; und dass er sich dieses „Andersseins" bewusst war. Herdodian stimmt seine Leser darauf ein, dass nunmehr ein Fremder über das Imperium gebot, dessen führende Repräsentanten sich als eine durch das einigende Band griechischer Bildung (*paideia*) zusammengehaltene Kulturgemeinschaft begriffen. Die kulturelle Andersartigkeit des Kaisers wird zum roten Faden im Erzählstrang Herodians, die gesamte Dramaturgie diesem Leitmotiv untergeordnet.

Ganz anders Cassius Dio: In seinem Elagabal gewinnen die sattsam bekannten Züge des vom Cäsarenwahn befallenen Tyrannen Gestalt, er folgt, ganz der literarische Klon eines Caligula, Nero, Commodus, in allen Details der Schilderung dem zum Typus erstarrten „schlechten" Kaiser. Das voyeuristische Auskosten einer schier endlosen Serie von Exzessen, Tabubrüchen und Perversionen dient, wie die analogen Tyrannen-Bilder in der historiographischen Literatur Roms, dem doppelten Zweck, zu unterhalten *und* durch Historie Sinn zu stiften. Während das Panoptikum der Peinlichkeiten den Leser aus sicherem zeitlichen Abstand zum Zaungast der Vorgänge im kaiserlichen Palast werden lässt, hilft es zugleich, ein gefährliches, potenziell staatszersetzendes Paradoxon des römischen Kaiserreichs zu überwinden: Wie konnte der Prinzipat im Grundsatz eine „gute" Sache sein, wo es doch so viele erwiesenermaßen „schlechte" Kaiser gab? Der irrsinnige Kaiser schloss diese bedrohliche Lücke auf bequeme Weise: Über die römische Welt gekommen wie eine Naturkatastrophe, war er schlicht die Negation des Guten, dessen Existenz keine weiteren Fragen aufwarf. Durch Tilgung seines Gedächtnisses mit dem Rechtsinstrument von postum verhängten Erinnerungssanktionen – inklusive Tilgung von Inschriften, Umstürzen von Statuen und Außerkraftsetzung von Gesetzen – ließen sich seine Spuren in der Geschichte rückstandsfrei ausradieren.

Herrschaft als Naturkatastrophe: Dios Elagabal

Dio erfüllt den Typus des wahnsinnigen „schlechten" Kaisers im Fall Elagabals mit Leben, indem er buchstäblich alle Register zieht. Kein Motiv traditioneller Tyrannentopik lässt er aus, kein Detail ist ihm zu schlüpfrig, um Elagabal als hypertrophe Steigerung selbst der schwärzesten Figuren

34 Herodian V. 5, 5.

der römischen Kaisergeschichte erscheinen zu lassen. Als besonders ergiebig erweist sich, wieder einmal, das weite Feld von der Norm abweichenden Sexualverhaltens, das der Senator akribisch bestellt hat. Das gesamte Spektrum möglicher Perversionen schiebt er seinem Elagabal unter und grenzt ihn so aus der römischen Männerwelt aus: Der Kaiser verkleidet sich als Dirne und zieht nächtens durch Roms Spelunken, wo er sich wahllos Freiern feilbietet; er verrichtet weibliche Hausarbeit, kleidet sich nach Frauenart, reißt sich die Barthaare aus, nimmt seinen Geliebten Hierokles zum „Gatten", lässt sich von ihm vergewaltigen und schlagen; er ordnet an, mit *domina*, „Herrin", angeredet zu werden, und wirbt nach Frauenart um Liebhaber. Zugleich heiratet er viele Frauen, schläft mit unzähligen – und das alles nur, um weibliches Sexualverhalten eingehend studieren und selbst erlernen zu können. Seine erste Frau Cornelia Paula heiratet er, um Vater zu werden – „er, der doch noch nicht einmal ein Mann sein konnte!"[35]

Nicht minder eindrucksvoll nimmt sich der Katalog der Grausamkeiten aus, die Dio Elagabal unterstellt. Auch hierin getreue Kopie anderer „schlechter" Kaiser, hebt er sich allenfalls durch den bisher nicht gekannten Maßstab seiner Exzesse ab: Römische Bürger lässt er reihenweise aus nichtigen Gründen hinrichten; ihr Vermögen oder ihre Frauen, welche die Habgier bzw. Wollust des Kaisers erregen, werden ungezählten Senatoren zum Verhängnis. Dios beklemmendes Fazit: Die Stadt habe niemals zuvor so „beschämende, gesetzlose und blutrünstige Praktiken" erlebt.[36]

Die abgrundtiefe Verderbtheit des Kaisers artikuliert sich schließlich auch in seinem Umgang mit Religion. Es ist nicht die „Einführung eines ausländischen Gottes nach Rom, noch die äußerst seltsame Art, ihn zu verehren", die Dios Missfallen erregt.[37] An beides waren die Römer gewöhnt, seit fremdländische Kulte in der Hauptstadt wie Pilze aus dem Boden schossen. Der Senator stößt sich am Versuch Elagabals, den Gott seiner Vaterstadt Emesa zum höchsten Gott des römischen Staatspantheons zu machen, und obendrein an seiner „Verstümmelung" – wie viele Orientalen war der Syrer beschnitten. In beidem artikuliert sich der kranke Geisteszustand des Monarchen: „Er hatte sogar geplant, seine Genitalien ganz abschneiden zu lassen, aber dieser Wunsch entstammte nur seinem weibischen Wesen."[38] Moralisches Naserümpfen paart sich abermals mit Voyeurismus.

35 Cassius Dio LXXX. 9, 1.
36 Ebd., 3, 3.
37 Ebd., 11, 1.
38 Ebd.

Der Barbar auf dem Thron: Herodians Elagabal

Im Unterschied zum Elagabal Dios vernebelt dem Gegenstück aus der Feder Herodians nicht Geisteskrankheit den Sinn. Verantwortlich für sein Handeln ist nicht seine mentale Disposition, die ihn aus der Welt der Gesunden ausgrenzt, sondern seine Herkunft. Herodians Elagabal ist mit jeder Faser seines Körpers die Negation alles Römischen. Folgerichtig beginnt das Drama im Tempel von Emesa und mit dem örtlichen Kult, über den sich Herodian in einem längeren Exkurs, scheinbar ganz unparteiischer Beobachter, auslässt. Der Leser weiß nun, wo der geistig-moralische Bezugspunkt des späteren Kaisers liegt: Er ist und bleibt, auch als Kaiser, immer zuerst Priester seiner Gottheit, befangen im theokratischen Weltbild seiner Heimat. Zweiter Orientierungspunkt für den Knaben sind die Frauen seiner eigenen Familie, die in einem Küchenkabinett mit schwer zu durchschauenden Machtverhältnissen das Regiment führen. In Herodians Schilderung ist Elagabal die Kreatur seiner Großmutter Julia Maesa, deren Ranküne ihn an die Macht bringt und deren Machenschaften im Hintergrund ihn schließlich auch stürzen lassen. Maesa sieht nach vierjähriger Herrschaft und vergeblichen Versuchen, Elagabal von seinen exotischen Extravaganzen abzubringen, in dem entarteten Spross nur mehr ein Risiko für das Überleben der Dynastie: Sie zwingt ihn erst zur Adoption seines Vetters Severus Alexander und treibt schließlich gezielt seine Ermordung voran (222 n. Chr.).

Maesas Logik ist die des Machterhalts, Elagabal hingegen ist ein religiöser Fanatiker, mit dem Ziel, Rom und sein Imperium aus den Angeln zu heben. In diesen Zusammenhang stellt Herodian konsequent die religiösen Tabubrüche des Kaisers: seine Heirat mit einer Vestalin, die Entfernung des Palladiums, das einst Aeneas aus Troja gerettet hatte, aus dem Vestatempel, eine tumultuarische Prozession mit zahlreichen Todesopfern. Derselben Logik folgen die sexuellen Grenzüberschreitungen des Kaisers, namentlich sein transvestitenhaftes Auftreten in Frauenkleidern und mit stark geschminktem Gesicht. Sie reflektieren den unüberwindlichen kulturellen Grabenbruch zwischen dem Kaiser und der von den Eliten noch immer hochgehaltenen altrömischen Tradition (*mos maiorum*).

Unaufhaltsam strebt in der Dramaturgie Herodians die Konfrontation zwischen Elagabal und der Tradition ihrem Höhepunkt entgegen. Er ist erreicht, als zwischen dem Kaiser und seiner Tante Julia Mamaea ein Konflikt um die Erziehung des Knaben Alexander entbrennt, Elagabals Cousins und späteren Nachfolgers. Auslöser des Streits ist der Wunsch des Kaisers, auch aus Alexander einen Priester zu machen. Dem tritt Mamaea energisch entgegen, entzieht ihren Sohn dem Einfluss des Kaisers und übergibt ihn der Obhut von Lehrern, die ihn zur Selbstbeherrschung (*sophrosis*) erziehen und im klassischen Kanon unterweisen sollen. Die kulturelle Kluft, Herodians Leitmotiv, spaltet die severische Dynastie: hier griechische *paideia* und römischer *mos* – dort, in Person des Kaisers, das Andere, Fremde, Anti-Rom. Dessen Anwort lässt nicht lange auf sich warten: Er vertreibt die Lehrer vom Hof, tötet einige von ihnen und betraut „Wagenlenker, Komödianten und Mimen" mit der Erziehung des Knaben.[39]

Die Konfrontation lässt die Kontraste scharf hervortreten: Elagabal ist das monströse Produkt seiner Sozialisation im Tempel von Emesa, religiöser Fanatismus ist ihm in die Wiege gelegt. Er kann nichts anderes sein als die Negation der gesamten klassischen Tradition, in der Herodian den kleinsten gemeinsamen Nenner des Imperium Romanum, wenigstens seiner Eliten, sieht. Je mehr sich der junge Kaiser von den Frauen seiner Umgebung emanzipiert, desto heftiger entbrennt der Kulturkampf, am Hof, in der Stadt und im gesamten Reich. Mit Herodians Elagabal bricht unvermittelt Anti-Rom mitten ins Herz des Imperiums ein. Anders als der Elagabal Dios ist er kein irrer Wüterich, über den man zur Tagesordnung übergehen kann, er ist ein Menetekel.

Alternative Deutungen

Der „doppelte" Elagabal, mit dem uns die antike Geschichtsschreibung konfrontiert, stellt die moderne Geschichtswissenschaft vor ein wohlbekanntes Dilemma: Literarische Quellen sind kein solider Grund, auf dem sich die Vergangenheit rekonstruieren lässt, keine „Evidenz" im strengen Sinn des Wortes. Zwar enthalten sie berichthafte Elemente, doch ist der Bericht eingebunden in einen Erzählstrang, in den unzählige Variablen eingeflochten sind, von denen wir nur einen Bruchteil erfassen können: von den Adressaten des Textes über die Erzählsituation, die Gattung, die Erzählabsicht des Autors, die spezifischen Umstände, unter denen der Text entstand bis hin zum „Zeitgeist", jenen unterschwellig wirksamen Strömungen und Befindlichkeiten, mit und in denen der Verfasser des Texts selbstverständlich lebte, die uns aber kaum je zugänglich werden.

Unter diesen Umständen im Rankeschen Sinne ermitteln zu wollen, „wie es eigentlich gewesen", ist schier aussichtslos. Der „wahre" Elagabal wird auf immer hinter dem Schleier verborgen bleiben, den die literarischen Berichte weben und die Diskurse, in die sie eingebunden sind. Ob Elagabals Terrorregiment, wie Dio suggeriert, Ausdruck seines Cäsarenwahns war, oder ob der Kaiser, wie uns Herodian glauben machen möchte, ein planhaft agierender Zelot war, der seinem barbarischen Gott den Weg an die Spitze des römischen Pantheons bahnen wollte, ist auch keine Frage innerer Schlüssigkeit und historischer Plausibilität. Zwar lassen sich die von Herodian angeführten Details zur Religion von Emesa und zum Im-

39 Herodian V. 7, 7.

port des Kultes anhand von Münzbildern und anderen materiellen Zeugnissen verifizieren: Das Kultobjekt im Tempel von Emesa war wirklich „anikonisch“, die Tracht von Priestern im syrisch-mesopotamischen Raum entsprach grosso modo den Schilderungen, einen Elagabal-Tempel – der nach dem Sturz des Kaiser beziehungsreich dem Jupiter Ultor (dem „Rächer“) geweiht wurde – gab es in Rom wirklich. Doch was besagt das schon mit Blick auf den „Wahrheitsanspruch“ von Herodians Deutungsansatz?

Statt Zuflucht zur Aporie zu suchen, sind wir deshalb gut beraten, wenn wir die Deutungsmuster antiker Autoren selbst als Dokumente betrachten, ohne immer nur nach der „Wahrheit dahinter“ zu fragen. So hatten die „irren Caesaren“ im politischen System des Prinzipats, wie zu sehen war, ihren unverrückbaren Platz und ihre feste Funktion: Sie machten eine Ordnung, in der viel, wenn nicht alles, vom persönlichen Willen des Herrschers abhing, für die senatorischen Eliten akzeptanzfähig. Während Imperatoren, die auf wenigstens symbolischen Konsens mit den alten Machtträgern bedacht waren, kurzerhand zum historischen Regelfall erklärt wurden, stigmatisierte man alle anderen, die entsprechende Rücksichten nicht nahmen und durch die der autokratische Charakter des Systems offenbar wurde, als geistig unzurechnungsfähig. Die Deutungshoheit, die senatorische Geschichtsschreiber über die Geschichte übten, barg, so gesehen, erhebliches Potenzial für eine späte Rache ihres Standes an – aus ihrer Sicht – „schlechten“ Kaisern. So wirkungsvoll waren diese Racheakte, dass noch heute das populäre Bild von den römischen Herrscherfiguren „senatorisch“ eingefärbt ist.

Als in den Wirren des 3. Jahrhunderts die schon zuvor unterhöhlte Prinzipatsordnung stillschweigend zu Grabe getragen wurde, hatte auch „Cäsarenwahn“ als Erklärungsmodell für Friktionen im politischen System ausgedient. Verrückte Kaiser begegnen in der historiographischen Literatur fortan nicht mehr. Herodians Elagabal ist ein Indikator dafür, dass neue Themen auf die Agenda der politischen Debatte rückten: Die kulturelle Einheit des Mittelmeerraums, bis dato in einem quasi-globalisierten Weltreich als selbstverständlich erachtet, war mit einem Mal zum Problem geworden. Für einen tief in griechischer *paideia* verwurzelten Autor wie Herodian deutete sich die Möglichkeit an, dass die überkommene klassische Tradition, die das Imperium einte, nicht mehr alternativlos war. Auf lange Sicht sollte Herodian Recht behalten: Das Christentum ließ eine alternative Sinnwelt entstehen, in der sich immer mehr Menschen heimisch fühlen sollten und die in wachsendem Maß zum klassischen Kanon in Konkurrenz trat. Herodians *paideia* war nun, wie die verrückten Caesaren der römischen Geschichtsschreibung, nur noch eine ferne Erinnerung.

XII. Rom im Orient: Ein Reich an seinen Grenzen

Philippus Arabs, humili genere natus, superbus, qui se in novitate atque enormitate fortunae non tenuit – „Philippus war ein Araber, von niederer Abkunft, aber überheblich, und er begnügte sich nicht mit einem ungewöhnlichen und außerordentlich glücklichen Schicksal."[40] Es ist ein harsches Urteil, das die Historia Augusta, jene spätantike Sammlung von Kaiserbiographien, über den einzigen römischen Kaiser fällte, den die – grob dem heutigen Jordanien entsprechende – Provinz Arabia je hervorgebracht hat. Gewiss, die Historia Augusta gehört nicht zum Zuverlässigsten, was wir an antiker historiographischer Literatur besitzen. Und ausgerechnet die Biographie Philipps, des Arabers, ist verloren, wenn es sie denn je gab: Das Zitat stammt aus der Vita seines Vorgängers Gordian III., den Philippus aus dem Weg räumte. So müssen wir uns Informationen über den Monarchen, der während seiner nicht ganz fünfjährigen Herrschaft im Jahr 248 n. Chr. die Tausendjahrfeier der Stadt Rom begehen durfte, mühsam aus dürftigen Bruchstücken, aus Münzen und Inschriften sowie aus viel späteren Zeugnissen zusammenklauben.

Römische Karrieren

Und doch ist die Kurzcharakteristik der Historia Augusta von einigem Wert – illustriert sie doch, wie man in der Hauptstadt Rom über die Bewohner einer entlegenen Randregion des römischen Kaiserreichs dachte. Der Verfasser wusste offensichtlich nicht viel über den Herrscher Philippus, doch reicht das Wenige, vor allem das Wissen um seine ‚orientalische' Herkunft, um ihn als größenwahnsinnigen Parvenü abzustempeln, als unsympathischen Ehrgeizling aus der Provinz, dem es nicht genügte, als Prätorianerpräfekt in eine der Schlüsselpositionen imperialer Macht aufzusteigen, der schließlich selbst nach dem Purpur griff. Über Philipps wirkliche Herkunft wissen wir so gut wie nichts, doch legt seine Karriere und die seines Bruders Priscus nahe, dass er nicht von so „niederer Abkunft" war, wie uns die Historia Augusta

40 Historia Augusta, Gordiani tres 29, 1.

weismachen möchte. Prätorianerpräfekten entstammten gewöhnlich dem römischen Ritterstand (*ordo equester*), der zweiten Rangklasse der römischen Elite nach dem Senatorenstand (*ordo senatorius*), und sie bedurften, um im Staatsdienst aufsteigen zu können, exzellenter Kontakte. Beide Voraussetzungen dürften also Philipp und Priscus, der gleichfalls als Prätorianerpräfekt diente, mitgebracht haben.

Der Karriere vom Provinz-Honoratioren zum römischen Kaiser, so märchenhaft sie anmutet, haftet etwas Urrömisches an. Septimius Severus (193–211 n. Chr.) hatte als erster Nordafrikaner den römischen Kaiserthron bestiegen. Er stammte aus der einstigen punischen Pflanzstadt Lepcis Magna im heutigen Libyen. Severus unterhielt, über seine Frau Julia Domna, Beziehungen zu aristokratischen Netzwerken in Syrien. Mit Julias Großneffen Elagabal (218–222 n. Chr.) residierte sogar der Priester einer lokalen syrischen Gottheit für kurze Zeit auf dem Palatin. Lange vor den Severern hatten Männer den Purpur getragen, die nicht italischem, sondern provinzialem Boden entstammten: Trajan (98–117 n. Chr.) und Hadrian (117–138 n. Chr.) hatten ihre Wurzeln in römischen Kolonien in Spanien.

Von Anfang an vorgezeichnet war diese Entwicklung im römischen Herrschaftssystem allerdings nicht. Das republikanische Rom hatte sich in Jahrhunderten fast permanenten Kriegszustands den Mittelmeerraum unterworfen. Roms Legionsadler ragten über Italien und Griechenland, bald über Spanien, Nordafrika, Syrien, Gallien und Ägypten auf. Die Provinzen waren den Römern strategisches Glacis, immer aber auch Objekte wirtschaftlicher Ausbeutung. Unerhörte Geldmengen strömten nach Italien, und ganze Heere privatwirtschaftlich organisierter Steuereintreiber (*publicani*) schwärmten in alle Richtungen aus, um gesegnet mit Reichtum nach Rom zurückzukehren. Die große Wende markiert die Etablierung der Monarchie: Allmählich wandelte Rom sich von der privilegierten Kostgängerin seiner Provinzen zur Kapitale eines Reichs, das nicht nur Herrschaftsverband, sondern auch Rechts-, Lebens- und Schicksalsgemeinschaft seiner Bürger wurde – von den Säulen des Herakles bis zum Tigris. Schließlich, im Jahr 212 n. Chr., konzedierten Roms Kaiser der gesamten freien Reichsbevölkerung das römische Bürgerrecht.

Roms orientalische Steppengrenze

Die Kaiser herrschten über ein Reich, das, wie alle Imperien, ein Konglomerat heterogener Ethnien, Religionen, Sprachgruppen und Kulturen war. Sie stützten sich auf Kollektive, deren Einfluss über die Jahrhunderte variierte, an deren Status als Säulen der Prinzipatsordnung sich aber nichts Wesentliches änderte: die Senatorenschaft, das Militär, die haupt-

Das Römische Reich im 3. Jahrhundert.

städtischen Unterschichten (*plebs urbana*) und die provinzialen Eliten, die in den Städten den Ton angaben. Sorgsam hatte der Kaiser die Balance zwischen ihnen auszutarieren, Erfolg war wesentlich eine Frage der richtigen Kommunikation. Eine Schlüsselrolle spielten die städtischen Eliten in den Provinzen. Das Reich besaß keine Bürokratie, die Statthalter in den Provinzen standen minimalistischen Verwaltungsstäben vor. Administrative Aufgaben nahmen daher in erster Linie die Städte – und ihre nach dem Vorbild Roms rekrutierten Magistrate – wahr. Das größte Weltreich der Antike war in seiner Substanz eine Föderation autonomer Städte: *civitates* im lateinischen Westen, *poleis* im griechischen Osten.

Kulturelle Heterogenität und diffuse, in mehreren Hierarchieebenen gestaffelte und idealiter vom Zentrum zur Peripherie hin abnehmende Macht sind Markenzeichen vormoderner Großreiche, die sie vom modernen Typus staatlicher Organisation, dem Nationalstaat, mehr oder weniger deutlich abheben. Kein Großreich, weder das arabische Kalifat, noch das Osmanische Reich oder das British Empire des 19. Jahrhunderts, noch eben das Römische Reich, verfügte über hinreichend Ressourcen, um eine fragmentierte, dem jeweiligen ‚Reichsvolk' ethnisch und kulturell zutiefst fremde Peripherie wirksam direkt beherrschen zu können. Die Losung lautete deshalb: *indirect rule* – eine von dem britischen Kolonialbeamten Frederick Lugard geprägte Bezeichnung –, indirekte Herrschaft. Die Aufgabenverteilung zwischen zentralem Herrschaftsapparat und autonomen, für ihre inneren Angelegenheiten selbst verantwortlichen Städten war die spezifisch römische Variante des einen, universalen Modells indirekter Herrschaft, aber beileibe nicht die einzige.

Bereits republikanische Heerführer hatten erfahren, wie nützlich es war, Kontakte zu lokalen Herrschern zu knüpfen, diese in ihrer Würde zu belassen und in ihre Klientel, das römische Nahverhältnis *par excellence*, aufzunehmen. So hatte Pompeius, nach der Niederwerfung des Mithradates von Pontos, um die 64 v. Chr. von ihm neu geschaffene Provinz Syria einen Kranz von Klientelmonarchien gelegt, deren Herrscher – kleine Könige, Stadtfürsten und Stammesführer – durch Bande persönlicher Solidarität an ihn gebunden waren. Das Nabatäerreich im heutigen Jordanien, Judäa unter den Hasmonäern, später unter der Dynastie Herodes' des Großen, Kommagene am Südrand des anatolischen Berglands und Kappadokien in der heutigen Osttürkei waren nur die wichtigsten von ihnen. Das System der Klientelmonarchien wurde seit Beginn der Kaiserzeit modifiziert und perfektioniert. Es trug der Tatsache Rechnung, dass sich eine lokale Bevölkerung im Normalfall ihrem eigenen Herrscher gegenüber eher loyal verhält als einem fernen Kaiser in Rom. Außerdem berücksichtigte es die extremen Unterschiede zwischen verschiedenen Lebensweisen, gerade im Vorderen Orient, wo weite Regionen noch Nomadenland waren.

Die Integration nomadischer Gruppen bereitete einem Herrschaftsverband, dessen Basis ganz wesentlich die Städte waren, eminente Schwierigkeiten. Die Koexistenz von Nomaden und Sesshaften auf engem Raum, oszillierend zwischen Konfrontation und Kooperation, durchzieht als Problem die Geschichte Vorderasiens wie ein roter Faden. Wann immer große Territorialstaaten in der Agonie lagen oder kollabierten, wurde mühsam der Steppe abgerungenes Kulturland wieder zu Weidegründen für Viehzüchternomaden; neu entstehende Großreiche kehrten den Prozess um und schoben die Siedlungsgrenze oft weit in die Steppe vor, nur um irgendwann selbst dem imperialen Zyklus zum Opfer zu fallen. Als Rom auf der Bühne des Vorderen Orients erschien, lag das Seleukidenreich, das 250 Jahre zuvor das asiatische Erbe Alexanders des Großen angetreten hatte, in Trümmern. Allenthalben loderten nomadische Rebellionen, gerieten Städte und Dörfer unter Druck. Rom stützte sich zur Beherrschung seiner Steppengrenze zunächst auf Klientelstaaten, deren Dynastien oft selbst, wie Nabatäer und Ituräer, einen nomadischen Hintergrund hatten. Mit der Konsolidierung unter römischer Ägide schwang das Pendel vielerorts, so in der libanesischen Bekaa-Ebene, in Richtung Sesshaftigkeit zurück.

Nicht so in naturräumlich weniger begünstigten Regionen. In der Oase Tadmor, mitten in der Syrischen Wüste, war im 1. Jahrhundert v. Chr. Palmyra aus bescheidenen Anfängen zur Drehscheibe des boomenden, das Römische Reich mit Indien und China verbindenden transkontinentalen

Fernhandels herangereift. Die städtische Bevölkerung, deren Ahnen vermutlich selbst Nomaden gewesen waren, war, um ihre Existenz zu sichern, auf Zusammenarbeit mit den Stämmen der Wüste angewiesen. Von Palmyra aus brachen Karawanen in Richtung Euphrat auf, überschritten die Grenze zum Partherreich, wo Palmyrener Handelsstützpunkte unterhielten, um in Südmesopotamien auf dem Seeweg verschiffte Luxusgüter (wie Seide und Gewürze) aus Süd- und Ostasien in Empfang zu nehmen. Ein geregelter Warentransfer war ohne Absprache mit nomadischen Gruppen undenkbar. Vermutlich war die Kooperation aber sogar noch enger: Inschriften aus der Stadt Palmyra lassen erkennen, wie eng gesponnen tribale und verwandtschaftliche Verflechtungen zwischen Stadtbewohnern und Nomaden waren; Eliten wechselten zwischen Stadt und Steppe hin und her – ein auch heute noch aus Zentralasien bekanntes Phänomen. Die Bevölkerung der Palmyrene zeigte zwei Gesichter: ein sesshaftes und ein urbanes. Die Forschung spricht deshalb prägnant von einer „dimorphen" Gesellschaft.

Palmyra geriet seit der Zeitenwende allmählich in den Bannkreis römischer Herrschaft, ohne doch seinen exzeptionellen Autonomiestatus zu verlieren. Die Kontrolle weiter Teile des Vorderen Orients durch Klientelmonarchien bzw. autonome dimorphe Stadtgesellschaften versprach ein Maximum an Effizienz bei einem Minimum an Aufwand und Kosten. Rom schuf sich mit einer vom Roten bis zum Schwarzen Meer reichenden Sphäre indirekter Herrschaft zugleich einen „Cordon sanitaire" gegen das rivalisierende Großreich im Osten, das Partherreich der Arsakiden jenseits des Euphrat. Auch dessen Macht franste, um einen relativ kleinen direkt beherrschten Kern in Südmesopotamien, nach außen aus in ein tief gestaffeltes Glacis indirekt beherrschter Territorien, mit unterschiedlichen Formen und Graden der Abhängigkeit von der Hauptstadt Ktesiphon. Politische und kulturelle Fragmentierung, die Vielfalt der Lebensweisen und des Naturraums sowie die Konfrontation zweier Großreiche mit breiten Gürteln indirekter Herrschaft machen die orientalische Steppengrenze zu einem Raum irritierender Uneindeutigkeit. Fragen nach der ‚Zugehörigkeit' dieses oder jenes Territoriums zu einem der beiden Reiche verbieten sich so von selbst.

Auf dem Höhepunkt der Macht

Die Römer sehen nach diesen Überlegungen aus wie Virtuosen der Macht. Nicht nur beherrschten sie gigantische Räume nahezu aufwandsneutral, auch gelang es ihnen, die Grenzen ihrer Provinz Syria, die bei ihrer Gründung im Jahr 64 v. Chr. kaum mehr als die Küstenregion Syriens umfasste, sukzessive bis an den Euphrat vorzuschieben. Doch nicht nur das: Sie drangen in mehreren Feldzügen tief auf parthisches Gebiet, zuerst unter Trajan (114–117 n. Chr.), dann unter Lucius Verus (161–166 n. Chr.) und wieder unter Septimius Severus (194–199 n. Chr.), und unterstellten schrittweise das einst parthische Nordmesopotamien ihrer Kontrolle. Herrscher, wie der König von Osrhoene, die einst als Teilkönige unter der Oberhoheit des parthischen „Königs der Könige" amtiert hatten, wurden so zu römischen Klientelkönigen.

Reibungslos indes verlief der Prozess der römischen Festsetzung und Expansion in Vorderasien nur der Theorie nach. In der Realität wurden die Römer mit wachsenden Schwierigkeiten konfrontiert, und ihre Politik verstrickte sich in Widersprüche und Inkonsistenzen, die sie am Ende fast die Herrschaft im Orient kostete. Was aus einem historischen Abstand von nahezu 2000 Jahren aussieht wie eine strategische Meisterleistung, war in Wirklichkeit nur allzu oft machtpolitisches Flickwerk, aus der Not geboren und verpflichtet mehr reaktivem *trial and error* als weitsichtigem Kalkül. Indirekte Herrschaft barg nämlich, bei allen unbestreitbaren Vorzügen, auch immense Risiken: Klientelkönig konnten die Treue zu Rom aufkündigen und sich nach neuen Bundesgenossen umsehen (wie es offenbar die Herrscher von Kommagene mehrfach taten) oder sie gerieten innenpolitisch unter Druck, mit der Folge, dass sich ihre Staaten in notorische Unruheherde verwandelten (wie es mehrfach in Judäa der Fall war).

Die Zentrale wusste allzu oft keine Antwort auf die Herausforderungen der Peripherie. Die Unbeholfenheit, mit der Rom zuweilen im Gestrüpp des Nahen Ostens operierte, illustriert exemplarisch seine Judäa-Politik, die an Wankelmütigkeit kaum noch zu überbieten ist: Judäa war autonomer Teil der Provinz Syria mit dem Hohenpriester Hyrkanos II. als Ethnarch (63/55–40 v. Chr.), wurde autonomes Königreich unter Herodes dem Großen und seinen unmittelbaren Erben (40/37 v. Chr.-6 n. Chr.), dann erneut autonomer Teil der Provinz Syria unter einem *procurator* aus dem Ritterstand (6–41 n. Chr.), wiederum autonomes Königreich unter Herodes Agrippa I. (41–44), ein drittes Mal Teil der Provinz Syria, wieder unter einem *procurator* (44–66), teilautonomes Königreich mit Agrippa II. als König (seit 52) und schließlich Provinz Iudaea (seit 66). Nicht anders verfuhr Rom mit Kommagene, das nach dem Tod des Königs Antiochos III. unter tumultuarischen Umständen der Provinz Syria angegliedert wurde (17 n. Chr.), nur um zwei Jahrzehnte später durch Caligula restauriert zu werden (38), der das Königreich abermals einzog (vor 41). Unter Claudius wieder autonom geworden (41), verschwand Kommagene in flavischer Zeit im Rahmen einer gewaltsamen Annexion als autonomes Königreich endgültig von der Landkarte des Vorderen Orients (72).

Die Unwägbarkeiten indirekter Herrschaft an der Steppengrenze ließen Rom seit Mitte des 1. Jahrhunderts n. Chr. abrupt auf eine annexionistische Linie einschwenken: Rom opferte einen Klientelkönig nach dem anderen, um sein Territorium der Provinz Syria anzuschließen oder es in eine eigene Provinz umzuwandeln. Zu einem vorläufigen Abschluss gelangte der Prozess mit der Annexion des Nabatäerreichs unter Trajan (106 n. Chr.). Ob Rom hier auf eine Unbotmäßigkeit der Nabatäer reagierte oder Trajan, nach erfolgreich beendetem zweiten Dakerkrieg, an einer anderen Grenze seinen Ruhm als Eroberer mehren wollte, bleibt im Dunkeln. Rom hatte mit der Provinzialisierung aller Gebiete westlich des Euphrat - lässt man die Wüste außer Acht - eine wichtige Wegmarke seiner Expansion in Vorderasien erreicht.

Roms Kaiser gaben sich damit nicht zufrieden. Trajan selbst fiel tief ins Partherreich ein (114–117 n. Chr.), dessen Hauptstadt Ktesiphon er eroberte. Die Freude indes währte nicht lang, denn im Rücken der am Persischen Golf stehenden Legionen brach ein Aufstand los, der das Gewonnene wieder infrage stellte. Zwar versuchten Trajan und sein maurischer Truppenführer Lusius Quietus die Brände mit brachialer Gewalt zu ersticken, doch musste Hadrian, der Trajan 117 beerbte, fast alle Eroberungen wieder preisgeben. Nachhaltiger waren die Ergebnisse eines zweiten Anlaufs unter Mark Aurels Mitkaiser Lucius Verus (161–166 n. Chr.): Die Römer reduzierten Osrhoene zum Klientelstaat und drangen bis zum Tigris vor, an dessen Ufern sie Garnisonen einrichteten. Auch am Euphrat warfen sie die Parther zurück: In der wichtigen Festungsstadt Dura-Europos waren ab ca. 165 n. Chr. palmyrenische Bogenschützen stationiert.

Kampf um die Hegemonie

Unter den severischen Kaisern (193–222 n. Chr.) erreichte das direkte römische Engagement zwischen Euphrat und Tigris ein bis dahin nicht gekanntes Ausmaß: Bereits Septimius Severus baute den mittleren Euphrat, mit einer Kette römischer Forts, zur stark befestigten Militärgrenze aus, sein Sohn Caracalla (211–217 n. Chr.) annektierte das Restkönigreich Osrhoene und erhob dessen Hauptstadt Edessa in den Rang einer römischen Kolonie. Doch wenig später stieß Rom an seine Grenzen. Im Osten, im Reich der parthischen Arsakiden, wechselten nach Jahrhunderten die Herren (224 n. Chr.). Geschwächt vom wachsenden Druck an ihrer Westgrenze, machten die Arsakiden einer lokalen Dynastie aus der Persis Platz, die Rom das Fürchten lehren sollte: die Sasaniden. Der erste Sasanidenkönig, Ardaschir, stand bald vor den Toren der mesopotamischen Wüstenstadt Hatra, die gerade erst, in einem kühnen *renversement des alliances*, den Bündnispartner gewechselt hatte und an Roms Seite getreten war. Zwar scheiterte der erste Anlauf, doch im Jahr 240 n. Chr. gelang es Ardaschir, Hatra einzunehmen, das einst drei römischen Belagerungen getrotzt hatte und nun eine römische Garnison beherbergte. Damit stand den Sasaniden der Weg ins römische Mesopotamien offen – und auch Syrien wurde für Schapur, Ardaschirs Sohn und Nachfolger, bald eine leichte Beute.

Roms Herrschaft im Orient stand um die Jahrhundertmitte vor dem Zusammenbruch. Schapur unternahm fast jährlich Beutezüge, die seine Truppen tief ins römische Syrien führten. Die Metropole Antiocheia öffnete dem Perser willig ihre Tore. Roms Legionen waren zu koordiniertem Widerstand kaum mehr in der Lage, zumal sich die Kaiser in Rom an allen Fronten, namentlich an Rhein und Donau, Wellen ungebetener Gäste zu erwehren hatten. In der um sich greifenden Endzeitstimmung schlug die Stunde der Oasenstadt Palmyra, die für einen weltgeschichtlichen Augenblick die Bühne der großen Politik betrat und für Rom die Kastanien aus dem Feuer holte. Nachdem Schapur den Römern bei Karrhai in Osrhoene eine vernichtende Niederlage zugefügt und den Kaiser Valerian in seine Gewalt gebracht hatte (260 n. Chr.), sprang der palmyrenische Magnat Odaenathus mit eigenen Truppen und den Resten römischer Verbände in die Bresche, schlug die Perser Schapurs und stand alsbald selbst vor Ktesiphon. Doch wurde auch Odaenathus in einen Mehrfrontenkrieg hineingezogen, als im nördlichen Kleinasien die Heruler, ein germanischer Stamm, landeten. Im Abwehrkampf ereilte ihn der Tod durch Mörderhand (wohl 267/268 n. Chr.). Gerüchte, dass der amtierende römische Kaiser Gallienus seine Hände im Spiel hatte, wollten nicht verstummen.

In Palmyra traten nun Odaenaths Sohn und Gattin, Vaballathus und die berühmte, für ihn die Vormundschaft führende Zenobia, ein schwieriges Erbe an. Anders als Odaenathus, dessen außerordentliche Machtfülle durch von Rom verliehene Titel und Ehren legitimiert war, wandte sich Zenobia alsbald gegen Rom, auf dessen Kosten sie sich eine eigene Machtsphäre regelrecht zusammeneroberte. Sie hatte auch keine andere Wahl, denn im Okzident hatte sich die Situation entscheidend geändert: Kaiser Aurelian hatte über seine westlichen Rivalen, die gallischen Kaiser, triumphiert und die Rhein- und Donaugrenze stabilisiert. Bis er zum Schlag gegen die Palmyrener ausholen würde, war nur eine Frage der Zeit. Seine „Operation Wüstensturm" startete 272 n. Chr.: Er unterwarf die Oasenstadt und brachte Zenobia als Gefangene nach Rom.

Ihr Sieg indes kam die Römer, auf lange Sicht, teuer zu stehen. Die Städte, die als Kerne dimorpher Gesellschaften mit ihrer integrierenden Wirkung die Nomaden im Zaum gehalten hatten, lagen entweder (wie Hatra und Dura-Europos) in Trümmern oder sie waren (wie Palmyra und Edessa) ihres Einflusses beraubt. Die massiven Anstrengungen, die Kaiser Diokletian (284–305 n. Chr.) unternahm, um die Ostgrenze zu sichern, auch und gerade gegen die nomadischen Stämme, künden vom neuen Gefahrenpotenzial der Wüstensteppe.

Im Jahr 636 n. Chr. errangen die Soldaten des jungen arabischen Kalifats in der Schlacht am Yarmuk einen vernichtenden Sieg über die Byzantiner.

Syrien und Mesopotamien waren für die Erben Roms endgültig verloren. Genau 700 Jahre waren vergangen, seit Pompeius das Seleukidenreich liquidiert und mit der Provinz Syria den ersten römischen Brückenkopf im Nahen Osten errichtet hatte. Länger als jedes Großreich - vor und nach ihnen - haben die Römer über das westliche Vorderasien geherrscht. Was blieb, sind Zeugnisse einer reichen materiellen Kultur, eines irritierend komplexen Kultlebens, einer aus unzähligen Traditionslinien sich speisenden bildenden Kunst, einer verblüffend vielgestaltigen kulturellen Landschaft. Roms Orient birgt noch viele Schätze.

XIII. Schwerter und Pflugscharen: Logistik und militärische Infrastruktur unter dem römischen Adler

Gegen Ende des Jahres 75 v. Chr. schien der große Pompeius am Ende. Er hatte sich im Jahr zuvor von Sulla zur Führung eines Unternehmens bewegen lassen, das wie ein Himmelfahrtskommando anmutete und an dem schon mehrere römische Militärs der ersten Garnitur gescheitert waren: Pompeius sollte Spanien den Händen des Sertorius entreißen, der mit dem Diktator eine Rechnung offen hatte, seitdem Sulla einst seine Bewerbung um den Volkstribunat durchkreuzt hatte. Die Marius-Anhänger hatten Sertorius 83 v. Chr. als Statthalter nach Spanien entsandt; als deren Schreckensherrschaft in Rom noch im selben Jahr zusammenbrach, dachte Sertorius überhaupt nicht daran, seinen Machtbereich auf der Iberischen Halbinsel einfach preiszugeben. Stattdessen festigte er unverdrossen seine Herrschaft, auch dank tatkräftiger Unterstützung durch die einheimische Bevölkerung. In Scharen waren ihm Spanier und römische Siedler als Soldaten zugelaufen.

Sertorius tat alles, um die Stellung seiner Gegner in Spanien unhaltbar zu machen. Er kontrollierte Verkehrswege und hinderte sie am Furagieren. Vor allem warb er Piraten an, die den Nachschub aus Italien unterbanden und den Blockadering um Pompeius' Truppen zur See hin schlossen. In der Stunde höchster Not schrieb Pompeius einen Brief an den Senat: Er setzte dem ehrwürdigen Gremium en détail auseinander, wie er seine 30 000 Mann über die Alpen herangeführt, wie er, um nach Spanien zu gelangen, eigens eine neue Straße angelegt, ganze Landstriche in Gallien unterworfen und Festungen überwunden hatte. Vorwurfsvoll deutete er auf den knappen Finanzrahmen, den ihm die Senatoren gesetzt hatten, auf das Ausbleiben jeglichen Nachschubs und das Versiegen seiner privaten Geldmittel, die für den Sold der Legionäre hatten herhalten müssen. Gelinge es nicht, den Feind in Spanien niederzuwerfen, so drohe ein Überspringen des Krieges nach Italien.

Dazu kam es nicht: Sertorius fiel schließlich einer Verschwörung in seinem eigenen Lager zum Opfer, und mit dem Nachfolger hatte Pompeius leichtes Spiel. Pompeius' Hilferuf zeigt aber, dass auch der versierteste Feldherr – und ein versierter Militär war Pompeius, bei allen sonstigen Unzulänglichkeiten – ohne Nachschub an Soldaten, Material und Verpfle-

Lebensader aus Stein: Die Via Appia war eine der bedeutendsten Handelsstraßen des Römischen Reiches.

gung keinen Krieg führen kann. Es war allerdings, wie Pompeius zu Recht betont, eine beachtliche logistische Leistung, ein so großes Heer überhaupt auf dem Landweg von Italien nach Spanien, durch unwegsames und teilweise feindliches Gebiet, geführt zu haben. Für die Bewältigung solcher Herausforderungen war keine Armee des Altertums besser gerüstet als die römische.

Asymmetrien

Der Krieg zwischen Sertorius und Pompeius war charakteristisch für die unruhige Zeit der Bürgerkriege. Römische Soldaten standen in Spanien, wie auf so vielen anderen Schlachtfeldern, römischen Soldaten gegenüber. Strategie, Taktik, Ausrüstung, Drill, das Offizierskorps – all das war hier wie dort römisch. Auch wenn Einheimische unter den Feldzeichen des Sertorius dienten, sie kämpften und starben nach allen Regeln der Kunst wie römische Legionäre. Bis zum Untergang Karthagos im Dritten Punischen Krieg (149–146 v. Chr.) hatten Roms Legionen stets gleichwertigen oder sogar überlegenen Gegnern gegenübergestanden. Immer wieder waren große, geschlossene Verbände auf Heere gestoßen, die ebenso aufgebaut waren. Beide Seiten suchten die Entscheidung in der Feldschlacht, wie Pompeius und Sertorius.

Doch hatten die Römer auch bereits andere Gegner kennengelernt. 113 v. Chr. waren die Kimbern und Teutonen im östlichen Alpenraum erschienen und hatten ein römisches Heer, das sich ihnen bei Noreia entgegengestellt hatte, vernichtend geschlagen. Jahrelang hielten diese mit dem Mut der Verzweiflung kämpfenden Völker in Waffen daraufhin die römischen Legionen in Atem. Zwanzig Jahre nach Pompeius' Krieg gegen Sertorius kämpfte Caesar in Gallien gegen den Sueben Ariovist, um den sich ein riesiges, ethnisch bunt zusammengewürfeltes Heer geschart hatte, das die Gefolgschaft einte und die Aussicht auf Beute und Land, die als Preise des Sieges winkten. Gegner wie Ariovist oder die Kimbern und Teutonen suchten keine offene Feldschlacht; sie wichen jeder direkten Konfrontation aus, schlugen überraschend zu und zogen sich dann so geschwind zurück, wie sie gekommen waren. Caesar behielt in Gallien schließlich die Oberhand, doch war das römische Imperium fast überall – in Britannien, an Rhein und Donau, entlang der Steppengrenze Vorderasiens und der Wüstengrenze Nordafrikas – von Barbaren umgeben, die sich der Taktik des *hit and run* bedienten und immer wieder – siehe Arminius – spektakuläre Erfolge verzeichnen konnten. Für ein Reich, das in der Mittelmeerwelt und ihren Randgebieten konkurrenzlos dastand, war der asymmetrische Krieg zum Normalfall geworden; große Armeen, die sich mit den Legionen Roms in offener

Feldschlacht maßen, konnte allenfalls das Partherreich aufbieten, der Nachbar und Dauerrivale im Orient.

Limes

Die politische Lage der frühen Kaiserzeit erzwang eine neue Sicherheitsdoktrin, welche die Angriffs- und Besatzungsarmee schrittweise in ein Grenzverteidungsheer verwandelte. Bis heute sichtbarer Ausdruck dieses strategischen Denkens ist das römische Grenzverteidigungssystem, der Limes: Seit dem 1. Jahrhundert n. Chr. entstanden dort, wo keine natürlichen „nassen" Grenzen das Reich schützten, immer ausgeklügeltere, dauerhaftere Befestigungsanlagen. Zunächst markierte in Germanien eine Holzpalisade den Grenzverlauf, später wurde sie durch einen Wall mit vorgelagertem Graben ersetzt; dahinter standen in regelmäßigen Abständen – ungefähr alle 10 km – kleine Auxiliarlager, in denen die sich aus Nichtrömern rekrutierenden Hilfstruppen Quartier bezogen. Über erheblich mehr Infrastruktur – Stabsgebäude, Hospitäler, Magazine, Werkstätten, Bäder – verfügten die an strategisch wichtigen Orten errichteten Legionslager – im germanischen Raum etwa Mainz, Bonn und Xanten: Im Bedarfsfall konnte von hier in kürzester Zeit Verstärkung herangeführt werden. Um die Beweglichkeit von Truppen und Nachschub zu gewährleisten, verband ein dichtes Straßennetz die Lager.

Analog waren andere Reichsgrenzen konstruiert: Zwischen Tyne und Solway Firth zog sich der Hadrianswall über die grünen Hügelkuppen Northumberlands und Cumbrias, später zeitweise abgelöst und ergänzt durch den noch weiter nördlich gelegenen Antoninuswall; den Orient sicherte die *via nova Traiana*, später – seit dem ausgehenden 3. Jahrhundert n. Chr. – die *strata Diocletiana*; das römische Nordafrika schließlich schützte eine, freilich recht löchrige, Kette von Wüstenkastellen. Ein eiserner Vorhang, der das Imperium Romanum hermetisch gegen das Barbaricum abschirmte, war weder der obergermanisch-rätische Limes noch sonst eine dieser Grenzanlagen; eher schon war der Außensaum des Imperiums eine Zollgrenze mit integriertem Frühwarnsystem. Ihr Zweck bestand nicht darin, grenzüberschreitenden Kontakten einen Riegel vorzuschieben, sondern sie in kontrollierbare Kanäle zu lenken.

Die Militärdoktrin des Kaiserreichs bedingte es, dass erhebliche Teile der römischen Streitkräfte auf Dauer im Grenzgebiet gebunden waren. Hier lag folglich auch, wie schon der Geschichtsschreiber Tacitus erkannt hatte, das *arcanum imperii* – der heimliche Schlüssel zur Kaiserherrschaft, denn wer als Senator große Verbände am Rand des Reiches kommandierte, konnte damit auch neue Bürgerkriege entfachen und sie gegen die Hauptstadt führen, um selbst nach dem kaiserlichen Purpur zu greifen.

Die Dislokation der Armee an den Grenzen hatte aber auch makroökonomische Auswirkungen auf die römische Welt: Roms Soldaten waren die einzige Gruppe im Reich, die über ein festes, in klingender Münze ausgezahltes Gehalt verfügte. Entsprechend hoch war die Kaufkraft an Garnisonsstandorten. Es war denn auch kein Zufall, dass sich um die Militärlager allenthalben zivile Siedlungen lagerten. Hier ließen sich Menschen nieder, die sich ihren Lebensunterhalt dadurch verdienten, dass sie die Truppe mit all dem versorgten, was Militärs benötigten oder was den Soldatenalltag erträglicher machte: von Lebensmitteln bis hin zur käuflichen Liebe. So waren es gerade Regionen am Rand des Imperiums, denen die geballte Militärpräsenz erheblichen Wohlstand bescherte, während der Rest des Reiches – außer Italien, das bis in die Spätantike von Abgaben befreit war – für die Kosten aufzukommen hatten. Der Bevölkerung der Binnenprovinzen wurde regelmäßig eine doppelte Rechnung präsentiert: Sie ernährten das Zentrum – Rom und Italien – und kamen für die Armee auf, die das Imperium schützte.

Brot für Roms Soldaten: Die Versorgung der Armee im Frieden ...

Die militärische Führung verließ sich zum Großteil auf Zivilpersonen, wenn es darum ging, die Versorgung von (im 2. Jahrhundert n. Chr.) 30 Legionen und 483 Auxiliareinheiten – alles in allem 450 000 Soldaten, zu denen noch 30 000 Matrosen der diversen Flotten kamen – sicherzustellen. In Krieg und Frieden, von Britannien bis Ägypten: Tag für Tag verschlangen diese Soldaten Unmengen an Lebensmitteln, sie brauchten Kleidung, Waffen und Ausrüstung sowie Zug-, Last- und Reittiere. Um all das heranzuschaffen, besaß die Armee keine zentrale Organisation. Vielmehr war es die provinziale Bevölkerung, waren es die Städte und Grundbesitzer vor Ort, die Lebensmittel bereitstellten.

Der Speiseplan der Truppe und die Mechanismen ihrer Versorgung waren eng auf die regionalen Bedingungen abgestimmt. So aßen römische Soldaten vom Atlantik bis zum Tigris vorwiegend Getreide; in Britannien aber, wo Viehzucht rentabler war als Ackerbau, verzehrten die Legionäre besonders viel Schweine- und Rindfleisch, wovon die zahlreichen, in Militärlagern gefundenen Knochen noch heute künden. Zum Teil wurden die Tiere lebend, in großen Herden, in die Nähe der Garnisonsorte getrieben und dort geschlachtet; das Fleisch konnte aber auch durch Pökeln haltbar gemacht und dann über große Entfernungen transportiert werden. Auf die Zucht hatten sich Großbetriebe im Hinterland des Hadrianswalls spezialisiert; doch auch Kleinbauern wussten das sichere Einkommen zu schätzen, das Heereslieferanten winkte. Den Transport bewältigte die Armee – wie in anderen Teilen des Imperiums auch – nur zum Teil selbst; ebenso häufig organisierten die Lieferanten oder von ihnen bezahlte Subunternehmer die Verfrachtung von Lebensmitteln in die Garnisonen. In der Regel kaufte die Armee zu Preisen ein, die unter Marktniveau lagen; kam es zu Versorgungsengpässen, so hatten wohlhabende Grundbesitzer mit Sonderlieferungen auszuhelfen.

Vor allem in den größeren Militärlagern sicherten Magazine (*horrea*) die Bevorratung mit Nahrung – oft waren sie so ausgelegt, dass sie Vorräte für ein ganzes Jahr fassen konnten. Auch im rückwärtigen Gebiet gab es – vor allem in der Spätantike – befestigte Getreidespeicher, die als Depots für den Nachschub dienten. Die Umbruchperiode im 3. Jahrhundert n. Chr., die Rom an seinen Grenzen unter Druck setzte und den Wandel des Heeres von einer Grenzsicherungsstreitmacht in eine hoch mobile Kriseninterventionsarmee erzwang, änderte auch die ökonomische Basis des Militärs. Statt Geldzahlungen durch den kaiserlichen Haushalt sicherte fortan die sogenannte *annona militaris* den Unterhalt der Soldaten: eine Naturalabgabe, die von allen Untertanen zu erbringen war und die auch die Ausrüstung des Heeres einschloss. Mit ihrer Einführung bürokratisierte sich die Friedenslogistik des Militärs zusehends.

… und im Krieg

Auch im Felde waren Roms Soldaten zu ihrer Versorgung auf Zivilisten angewiesen. Solange sie durch Reichsgebiet zogen, waren die Städte verpflichtet, Quartier zu stellen und die Truppe zu versorgen. Die Historia Augusta, eine spätantike Sammlung von Kaiserbiographien, nennt ein Dekret des Kaisers Severus Alexander (reg. 222–235 n. Chr.), das genau festlegt, wo das Heer einzuquartieren war, wo es zu kampieren hatte und wo Proviant bereitzustellen war, „für die gesamte Länge des Marsches, bis zur Grenze des Barbarenlandes". Jenseits der Reichsgrenzen hatten verbündete Herrscher römischen Heeren ebenfalls Unterkunft und Verpflegung zu stellen.

Befand man sich tief im Feindesland, so versuchte man, die Versorgung soweit möglich auf dem Wasserweg sicherzustellen: Das Anlanden von Lebensmitteln und Ausrüstung durch Nachschubflotten war mit dem Vormarsch aufs Engste koordiniert. Außerdem wurden im Operationsgebiet an strategischen Punkten Versorgungslager angelegt, wo Schiffsladungen gelöscht und Nachschub sicher deponiert werden konnte: Anlagen wie das sogenannte Uferkastell an der Lippe, unweit des großen Legionslagers von Haltern, oder die kleine Festung nahe dem Lager von Anreppen, ebenfalls direkt an der Lippe, hatten während der römischen Vorstöße in Germanien unter Drusus und seinen Nachfolgern genau diese Funktion.

Mochte die logistische Unterstützung durch die Flotte noch so gut koordiniert sein, eine tief im Feindesland operierende Truppe ließ sich allein auf diesem Weg nicht versorgen. Und so waren die Soldaten immer auch darauf angewiesen, Lebensmittel im Operationsgebiet zu beschlagnahmen oder durch Plündern an sich zu bringen. Dass dies nicht immer leicht war, lässt der Bericht des Historikers Cassius Dio von der Belagerung der mesopotamischen Stadt Hatra durch die Truppen Trajans erahnen. Hatras starke Mauern, der hartnäckige Widerstand der Bevölkerung und widrige klimatische Bedingungen machen den Soldaten ihre Aufgabe sauer genug; vollends unhaltbar wird ihre Lage dadurch, dass Nomaden gnadenlos all jene Soldaten attackieren, die der Kaiser zum Furagieren ausschickt. Schließlich muss das ausgezehrte Heer die Belagerung abbrechen – Mesopotamien ist verloren.

Abgesehen davon, dass sich ein plünderndes Heer kaum je Freunde macht, waren die landwirtschaftlichen Ressourcen der meisten antiken Kriegsschauplätze einfach zu gering, um große Verbände über längere Zeiträume zu ernähren. Besonders gilt dies für die Trockenzonen Vorderasiens und Nordafrikas, aber auch das agrarisch recht wenig entwickelte Germanien – mithin die notorischen Krisengebiete am Rand der römischen Welt. Standen langwierige Feldzüge an, taten Truppenführer gut daran, Verpflegung mitzuführen. Dass sich zu Legionen auf dem Vormarsch ein umfangreicher Tross aus Maultieren samt Treibern gesellte, war deshalb unvermeidlich, auch wenn römische Soldaten eine Ration für 17 Tage am Mann führten. Wenn Varus auf seinem Marsch in den Untergang nicht nur drei Legionen, sondern auch ungezählte Lasttiere begleiteten, muss deshalb nicht unbedingt, wie von den antiken Gewährsleuten unterstellt, Leichtsinn im Spiel gewesen sein; vielmehr hatte er als verantwortlicher Befehlshaber gerade auch die Verpflegung seiner Männer ins Kalkül zu nehmen.

Antiker Kriegsführung waren schon durch die Beschränkungen der Logistik relativ enge Grenzen gesetzt. Keiner Armee des Altertums gelang es, diese Grenze weiter hinauszuschieben als der römischen. Die imaginäre Linie zu überschreiten, war auch ihr nicht möglich. Immerhin: Eine Kombination aus koordiniertem Zusammenspiel verschiedener Truppenteile, systematischer Vorbereitung, gezieltem Einsatz verfügbarer Ressourcen, Inanspruchnahme von Zivilbevölkerung und Alliierten sowie dem unmenschlich anmutenden Äußersten, das man dem einzelnen Soldaten abverlangte, ermöglichte es, auch weit jenseits römischen Reichsbodens auf feindlichem Gebiet geraume Zeit zu operieren. Dass ein Trajan den Persischen Golf erreichte und ein Domitius Ahenobarbus die Elbe überschreiten konnte, verdankten sie nicht zuletzt den logistischen Glanzleistungen ihrer Soldaten und Offiziere. Doch gerade in den Weiten Germaniens und den endlosen Ebenen Mesopotamiens holten sich die Legionen, überfordert von den unerhörten Distanzen, die selbst römische Nachschubspezialisten nicht mehr bewältigen konnten, immer wieder ihre blutigsten Niederlagen.

XIV. Ritt auf dem Löwen: Palmyra und die Rettung des römischen Orients

Karrhai im Jahr 260: Die Sasaniden besiegen die römischen Truppen. Für einen weltgeschichtlichen Wimpernschlag verwandelt sich der Vordere Orient in ein Machtvakuum – das Palmyra füllt und in dem sein Herrscher vom Provinzpotentaten zu einer Figur von historischem Format aufsteigt.

„Der sonnengesandte Löwe"

Es hätte eine Sternstunde der Menschheit von wahrhaft Zweigschen Dimensionen werden können: Gegen Ende des Jahres 262 stand Septimius Odaenathus, Exarch von Palmyra, *dux Romanorum* und *corrector totius Orientis*, mit einem großen Heer vor Ktesiphon, der persischen Hauptstadt im Zweistromland. Der persische König Schapur, der nur zwei Jahre zuvor bei Karrhai im Norden Mesopotamiens den römischen Kaiser Valerian gefangen genommen und Rom eine der schmachvollsten Niederlagen seiner Geschichte beigebracht hatte, stand vor einem Scherbenhaufen. Das Sasanidenreich, das Schapurs Vater Ardaschir in triumphalem Expansionszug innerhalb weniger Jahre errichtet hatte, war in nunmehr 30-jährigem Ringen mit Rom zermürbt, dem alternden König gebrach es wohl auch an Energie, die Offensive fortzuführen.

Damit schlug die Stunde Palmyras. Im Chaos, das auf die Katastrophe von Karrhai folgte, hatte allein Odaenathus die militärischen Fähigkeiten und das politische Potenzial, die versprengten römischen Kräfte zu bündeln und die Orientprovinzen des Reiches zu konsolidieren. Nach ersten Abwehrerfolgen gegen die weit im römischen Mesopotamien stehenden Perser – Edessa, Karrhai, Rhesaina und Nisibis wurden zurückerobert – wuchs dem Palmyrener ein Charisma zu, das er womöglich leicht in politisches Kapital hätte verwandeln können, um selbst nach dem römischen Purpur zu greifen. Stattdessen wandte er sich nach Osten, setzte den Persern nach und verfolgte sie bis zu ihrer Hauptstadt. Gallienus, als Sohn des Kaisers Valerian jetzt alleiniger Augustus, zeigte sich dankbar. Er überhäufte Odaenathus mit Titeln, machte ihn zum *dux* (Heerführer) der Römer und zum *corrector* („Wiederaufrichter") des gesamten Orients. Für

Kamele vor den Ruinen der syrischen Wüstenstadt Palmyra.

die Bewohner der Orientprovinzen war er noch mehr, fast schon ein Retter von messianischer Statur: Das 13. Sibillynische Orakel, ein zeitgenössischer Text obskurer, vielleicht jüdischer Herkunft, nennt ihn den „sonnengesandten Löwen", der die „große, giftspeiende Bestie" – gemeint ist Schapur – vernichtet.

Odaenaths Machtfülle hatte ihren Zenit erreicht. Zeit, einen Moment innezuhalten und nach den Motiven des „sonnengesandten Löwen" zu fragen. Warum wahrte er Loyalität Gallienus gegenüber, einem Herrscher, dessen Prestige erschüttert, dessen Macht angezählt schien? Warum nutzte er nicht, wie so viele andere, die Gunst der Stunde zur Usurpation? Scheute er das Risiko? Oder hatte sich der Palmyrener dem selbstlosen Dienst an der römischen Sache verschrieben? Altruistisch handelt kein Politiker, und in der Tat legt Odaenaths Agieren im orientalischen Machtvakuum jener Jahre eine andere Deutung der Dinge nahe. Nicht im Westen lagen seine Expansionsziele, auf den Osten richtete sich seine Begehrlichkeit. Durch das von den Sasaniden beherrschte Babylonien liefen jene Handelsrouten, denen Palmyra seinen Wohlstand verdankte. Entlang den Flussläufen von Euphrat und Tigris, bis hin zum Persischen Golf, unterhielt die Oasenstadt ihre Faktoreien und Entrepots. Hier schlugen Palmyrener Luxusgüter aus dem Fernen Osten und aus Indien um und verfrachteten sie, per Schiff und Karawane, weiter nach Nordmesopotamien, wo sie, am mittleren Euphrat, römischen Reichsboden erreichten. Von dort gelangten die Waren über Palmyra ans Mittelmeer. Palmyra verfolgte in Babylonien seit jeher merkantile Interessen, und sie dürften auch in Odaenaths Kalkül eine Rolle gespielt haben.

Doch reichten seine Ziele womöglich noch weiter. Ein vernichtender Schlag gegen Schapurs Sasanidenreich, das sich in den zurückliegenden Jahrzehnten fast zu Tode gesiegt hatte, war im Winter 262, vor Ktesiphon, keine Utopie, sondern schien zum Greifen nahe. Ein Odaenathus, der sich, wie einst Alexander der Große, zum politischen Erben des Perserkönigs hätte aufschwingen können, wäre ungleich stärker gewesen als der römische Kaiser, Herrscher über ein von inneren Unruhen und Barbareneinfällen geschütteltes Reich, dessen gallische Westperipherie unter dem Usurpator Postumus seit 260 ebenfalls eigene Wege ging. Den Titel *rex regum* („König der Könige"), die traditionelle, auch von den Sasaniden gebrauchte persische Königstitulatur, hatte sich Odaenathus im Vorgriff auf seine künftige Rolle bereits zugelegt.

Ein kurzes Nachspiel

Freilich schloss sich das Zeitfenster für Odaenaths Großmachtträume so unvermittelt wieder, wie es sich geöffnet hatte. Zum Verhängnis wurden ihm just jene Barbaren, die auch Gallienus entlang der langen Rhein- und Donaugrenze des Imperiums zusetzten. Wohl bereits im Sommer 262 waren ostgermanische Stämme, darunter Heruler und Goten, entlang der anatolischen Schwarzmeerküste gelandet und verheerten nun die Provinzen des nördlichen Kleinasien. Die Barbaren an seiner Nordflanke drohten unmittelbar Odaenaths Charisma als Heilsbringer und damit die Grundlage seiner Macht zu erschüttern. Wollte er ihre Erosion verhindern, so musste er sich der Bedrohung stellen. Genau das tat er: 263 brach er die Belagerung Ktesiphons ab und zog nach Bithynien, wo er die folgenden Jahre dem Abwehrkampf gegen die Germanen widmete. Eine Rückkehr sollte es für Odaenathus nicht geben: 267 oder 268 – genau weiß man es nicht – starb er, vermutlich im bythnischen Herakleia Pontike, unter nicht zu klärenden Umständen. Einige Quellen munkeln von Mord, und manche sehen sogar in Gallienus den Auftraggeber. Wie dem auch sei: Der Heruler-Einfall und Odaenaths Tod machen alles Nachdenken über eine grundsätzliche Neuverteilung der Macht im Vorderen Orient zu purer Spekulation über ein obsoletes Was-wäre-wenn.

Das kurze Nachspiel von Palmyras supernovahaftem Aufstieg zu strategischer Weltgeltung verhalf Odaenaths Witwe zu außerordentlicher, gemessen an der Bedeutung ihres Gatten aber im Grunde unverdienter Prominenz: Schon die antike Literatur stilisierte Zenobia zur großen Gegenspielerin Roms, der moderne arabische Nationalstaat

Syrien beruft sich auf sie als Vorkämpferin arabischer Unabhängigkeit. Dabei ist ihr Arabertum so fragwürdig wie ihre Rolle als Nemesis des römischen Imperiums. Zenobia und ihr unmündiger Sohn Vaballathus waren nach Odaenaths Tod jeglicher Handlungsalternative beraubt, das Drehbuch zu dem sich nun entrollenden B-Movie mit monumentaler Kulisse schrieben nicht sie; es wurde ihnen von den ehernen Spielregeln römischer Politik aufgezwungen. Hatte der „sonnengesandte Löwe" Odaenathus im Machtvakuum stets das Gesetz des Handelns diktiert, so waren Zenobia und Vaballathus Gehetzte in einem Rennen, das sie auf Dauer nicht gewinnen konnten.

Nach römischer Lesart war es selbstverständlich, dass die Titel und Machtbefugnisse, die einst Gallienus verliehen hatte, mit dessen Tod erloschen und an das Imperium zurückfielen. Umgekehrt verstand es sich von palmyrenischer Warte aus betrachtet von selbst, dass das Prestige und die exzeptionelle Machtstellung des Exarchen spätestens seit dem Sieg über Schapur an seiner Familie hafteten. Zu tief war verwandtschaftliches Denken und damit das dynastische Prinzip in der palmyrenischen Gesellschaft verwurzelt, als dass seine Erben eine Stellung, die ursprünglich auf dem persönlichen Charisma Odaenaths beruht, sich aber bereits gleichsam veralltäglicht hatte, einfach hätten aufgeben können. In der palmyrenischen Gesellschaft war die Herrschaft einer Familie seit Langem die von den Institutionen einer griechischen Stadt des römischen Ostens nur mühsam verschleierte Norm. Jetzt waren es selbstverständlich die Septimii Odaenathi, die das Regiment führten, und ihr Machtverzicht hätte unabsehbare Auswirkungen für die Oasengesellschaft gehabt.

An Expansion in den persischen Raum war nun nicht mehr zu denken. Die Nachfolger des Gallienus, Claudius Gothicus (268–270) und Aurelian (270–275), bekamen das Problem der Barbareneinfälle an Rhein und Donau sukzessive in den Griff, und spätestens, als sich mit dem Tod des Postumus das Ende des von Rom nicht kontrollierten „Gallischen Sonderreichs" im Westen abzuzeichnen begann, musste es auch Zenobia dämmern, dass ihre Stunde früher oder später schlagen würde. Da Angriff in ihrer Situation noch die beste Verteidigung war, schritt sie zur systematischen Erweiterung ihrer Einflussspähre, die 268 Syrien, Mesopotamien und das östliche Kleinasien umfasst hatte. Im Jahr 270 besetzten palmyrenische Truppen erst die Provinz Arabien und dann, in zwei Anläufen im Sommer und Herbst, Ägypten. Erst jetzt war Palmyra, wie analog im Westen Gallien, zum Zentrum eines veritablen „Sonderreichs" geworden.

Gleichwohl hielt sich Zenobia die Option einer friedlichen Verständigung mit Aurelian offen, indem sie in Antiocheia Münzen mit dem Bildnis des Kaisers auf der Vorderseite (und dem ihres Sohns Vaballathus auf der Rückseite) prägen ließ. Vaballathus firmierte außerdem auf Inschriften als *vir clarissimus rex consul imperatur dux Romanorum*, eine krude Kombination aus den Amtsbezeichnungen Odaenaths und römischen Rang- und Prestigetiteln; als „Konsul“ hatten Inschriften auch Odaenathus ausgewiesen, wobei der Titel wenigstens im Fall Vaballaths usurpiert war; *imperator* war Bestandteil des Kaisernamens und als solcher auf Angehörige des Kaiserhauses beschränkt; *rex* und *dux Romanorum* waren Titel aus der väterlichen Erbmasse. Den konsequent nächsten Schritt, die vollständige Usurpation des römischen Purpurs durch Annahme des Augustus- bzw. Augusta-Titels, gingen Vaballathus und Zenobia erst im Frühjahr 272, als Aurelian mit seinem Heer bereits tief in Kleinasien und im Begriff stand, den Taurus nach Syrien zu überqueren. Kappadokien und Kilikien waren kampflos in seine Hände gefallen, Ägypten hatte sich unter ungeklärten Umständen von Palmyra losgesagt.

Vor den Mauern Antiocheias prallten die Heere aufeinander. Die Schlacht, die durch Aurelians leichte und wendige maurische Kavallerie entschieden wurde, war der Anfang vom Ende Zenobias. Die noch folgenden Kämpfe um Emesa und Palmyra waren kaum mehr als Scharmützel, die palmyrenische Herrschaft fiel überall in sich zusammen. Zenobia ging, nach gescheitertem Versuch, sich nach Persien abzusetzen, in Gefangenschaft, die von den Quellen phantasievoll ausgeschmückt wird. In Emesa machte man ihr den Prozess. Gelangte sie von dort noch nach Rom, wo Aurelian sie im Triumph durch die Stadt führte? Wir werden kaum je Licht ins Dunkel bringen können, das Zenobias weiteres Schicksal umhüllt.

Die Stadt in der Oase

Antworten finden lassen sich aber auf andere, historisch weitaus interessantere Fragen. Bemerkenswert sind zunächst die Geschicke Palmyras und seines Umlands nach dem Zusammenbruch des Sonderreichs. Unschwer konnte Aurelian eine Revolte ersticken, in die Zenobias Vater Antiochos verwickelt war (273). Danach hörte Palmyra zwar nicht als Stadt, wohl aber als Machtzentrum auf zu existieren. Die gesamte Steppe zwischen Orontes und Tigris durchlitt einen Transformationsprozess, an dessen Ende gewandelte ethnische Identitäten mit tribalen Großgruppen als neuen politischen Faktoren standen, mit gravierenden Rückwirkungen nicht zuletzt für Rom und das Sasanidenreich. Rom antwortete unter den Tetrarchen (284–305) mit dem Bau eines gewaltigen Festungswerks, der *strata Diocletiana*, die sich quer durch die Syrische Wüste von Bostra im Süden bis Soura am Euphrat zog und in der Palmyra, unter Aufgabe von Teilen der Stadt zur Festung verwandelt, Schlüsselbedeutung zukam. Das Bollwerk richtete sich gegen einen Gegner, der nicht, wie die Perser, in offener Feldschlacht zu besiegen war. Der neue Feind, die nomadischen Stammeskonföderationen, lauerte überall, war hoch mobil und unterhielt verwandtschaftliche Netzwerke, die tief auf römisches Territorium reichten. Die *strata Diocletiana*, mochte sie mit noch so viel Aufwand aus dem Wüstensand gestampft worden sein, konnte eine Lösung nur auf Zeit bringen. Langfristig wurden Rom und das Sasanidenreich in einen Abnutzungskrieg verstrickt, der sie am Ende beide als Verlierer dastehen ließ.

Die Folgen, die der Zusammenbruch Palmyras für die gesamte Region zeitigte, werfen weitergehende Fragen auf: Welche Funktion hatte die Oasenstadt im komplizierten Dickicht der Steppendiplomatie, in dem sich die Imperien immer wieder verrannten? Was überhaupt ermöglichte den Aufstieg Palmyras von einer politisch kaum systemrelevanten Drehscheibe des interkontinentalen Fernhandels zum erstrangigen Machtfaktor im antiken Ost-West-Konflikt? Und schließlich: Welche Rolle spielte Septimius Odaenathus in diesem Prozess? Alle Fragen kulminieren in dem Problem, ob Palmyra, vereinfacht gesprochen, eine „orientalische" oder eine „griechische" Stadt, eine Polis, war. War das griechische Erscheinungsbild der Stadt und ihrer Architektur, das bis heute den Besucher in seinen Bann schlägt, nichts als Firnis, eine dünne Tünche über den orientalischen Traditionen, denen die Oasengesellschaft verhaftet war? Oder spiegelte sich in Palmyras Säulen und seinen Institutionen, die inschriftlich überliefert sind, die vollständige Absorption der Handelsstadt durch das römische Imperium? War sie in ihrer Tiefe hellenisiert und faktisch längst zur Polis geworden?

Tatsächlich kennen wir den epigraphischen Habitus, einflussreichen Persönlichkeiten, denen die Gemeinschaft zu Dank verpflichtet ist, Inschriften (mit dazugehörigen, in Palmyra aber verlorenen Statuen) im öffentlichen Raum zu widmen, hinlänglich aus griechischen Milieus. Adressaten dieser „Ehrendekrete" sind, wie in Palmyra kaum anders zu erwarten, durchweg Individuen, die sich Verdienste im Fernhandel erworben haben: so wie beispielsweise ein gewisser Marcus Ulpius Yarhai, der palmyrenischen Kaufleuten „geholfen hat, mit allem Eifer und aller Anstrengung". Wider Erwarten sind die Kaufleute in der Inschrift aber nicht die Geehrten, sondern die Ehrenden, und immer wieder danken sie ihren Wohltätern für Rettung aus unmittelbarer Lebensgefahr.

Meist ging die Bedrohung von Nomaden der Steppe aus. Wohltäter wie Yarhai, ein römischer Bürger, der kurz nach Mitte des 2. Jahrhunderts Widmungsträger vieler „Karawaneninschriften" wurde, waren Persönlichkeiten, deren Einfluss weit in die Steppe ausstrahlte. Viel spricht dafür, dass sie selbst enge, auch verwandtschaftliche Kontakte zu den Nomaden pflegten und vielleicht sogar einen Teil des Jahres selbst in der Steppe verbrachten. Notabeln städtischer Gesellschaften, die so als Bindeglieder zu den Stämmen der Nachbarschaft fungierten, kennen wir aus vielen vorderasiatischen Gesellschaften, vor und nach Palmyra. Die verwandtschaftliche bzw. fiktiv-verwandtschaftliche Organisation der Nomadengesellschaft wirkte aber auch umgekehrt in die Stadt hinein: Hier ließen sich die Palmyrener in monumentalen Grabanlagen bestatten, in denen ganze Clans ihre letzte Ruhestätte fanden. Dies alles legt den Verdacht nahe, dass die „Stämme", von denen wir durch die Inschriften wissen, nicht, wie in der griechischen Polis, intentionale Konstrukte waren, sondern ganz urwüchsig als Abstammungsgemeinschaften empfunden wurden.

Und doch war das institutionelle Gefüge, das dem einer Polis zu entsprechen scheint, mehr als nur Firnis. Die Gesellschaft der Palmyrene hatte im 1. Jahrhundert zu wesentlichen Teilen die Schwelle der Sesshaftigkeit gerade überschritten, doch war die Grenze zwischen sesshafter und mobiler Lebensführung in beide Richtungen durchlässig. Beim Aufbau städtischer Institutionen griff man, wie bei der architektonischen Ausgestaltung des Stadtbilds, selbstverständlich auf Vorbilder zurück, und die lagen im Westen. Nur adaptierte man beides entsprechend den in der Oase herrschenden sozialen Bedingungen – und schuf so eine völlig neue Ordnung der Dinge. Die kreative Aneignung des Fremden, die in den Tempeln, Säulenstraßen und Nutzbauten der Stadt offenbar wird, muss für den Kosmos der politischen Institutionen mühsam erschlossen werden: Das Produkt dieses Prozesses war keine „orientalische" Stadt, auch keine Polis, sondern eine Stadtgesellschaft eigener Prägung, deren Ausformung unter der sich langsam intensivierenden römischen Herrschaft seit dem 1. Jahrhundert n. Chr. ihren Fortgang nahm.

Mächtige Individuen wie Yarhai lotsten mit ihren Beziehungen zu den Hirtennomaden die Karawanen durch das gefahrvolle Terrain der Steppe. Sie bestimmten, wie die Karawaneninschriften zeigen, die palmyrenische Politik in quasi-monarchischer Manier über Jahre, oft Jahrzehnte. In einem System der latenten Rivalität zwischen den Verwandtschaftsgruppen bestand Raum für charismatische Einzelpersönlichkeiten, deren Macht in keiner Weise institutionalisiert, dafür aber höchst real war: Magnaten wie Yarhai unterhielten weitgespannte klientelare Netzwerke und beherrschten als Patrone und Investoren den Fernhandel, aus dem sie gewaltige Ressourcen abzweigten. Als Statusmerkmal besaßen sie obendrein das römische Bürgerrecht. Dieses wohlgefügte System geriet im 3. Jahrhundert aus zwei Gründen unversehens in die Krise: Die von Kaiser Caracalla (212) verfügte *constitutio Antoniniana* machte mit einem Schlag alle freien Reichsbewohner zu römischen Bürgern. Die palmyrenischen Notabeln verloren so, wie viele städtische Eliten im Osten, ihr Alleinstellungsmerkmal. Mehr Ungemach drohte vermutlich aus dem Osten, mit dem Machtwechsel von den Parthern zu den Sasaniden (224), der dem bis dahin unproblematischen Orienthandel plötzlich Hürden in den Weg stellte.

Die Krise ebnete einem Mann den Weg, dessen Familie bislang nicht von sich reden gemacht hatte: Septimius Odaenathus. Augestattet mit den

Qualitäten, deren die Oasenstadt am dringendsten bedurfte, militärischem Genie und politischem Weitblick, reklamierte er seit 250 die gesamte Macht in Palmyra für sich. Zugleich monopolisierte er den öffentlichen Raum zu Repräsentationszwecken: Inschriften im Stadtzentrum ehrten hinfort nur noch Odaenathus und seinen Herrschaftszirkel. Wie den Magnaten des 2. Jahrhunderts standen ihm gewaltige Ressourcen zu Gebote, neben dem sagenhaften Reichtum der Stadt vor allem die stets kriegsbereite Reservearmee der Steppennomaden.

So erklärt sich, warum Odaenathus nach der Jahrhundertmitte in der Lage war, das Machtvakuum zu füllen und die Perser in die Flucht zu schlagen. Die Dynamik der Steppe, gebündelt und zugleich gezähmt durch eine Stadt wie Palmyra, verlieh einem charismatischen Herrscher vom Schlag Odaenaths ein so außerordentliches Machtpotenzial, dass er buchstäblich den Griff nach der Weltmacht wagen konnte. Nach der Zerschlagung Palmyras durch Aurelian war die Stadt jedoch sich selbst überlassen und die Region der Kontrolle durch den urbanen Kern beraubt. Nun setzte die Steppe ihre zerstörerischen Energien in vollem Umfang frei, mit verheerenden Folgen für die Zivilisationszentren Rom und Persien. Das alles ist lange her. Es ist aber zu befürchten, dass ähnliche Lektionen heute abermals auf dem Lehrplan stehen.

XV. Ein Imperium steht zur Disposition: Roms „langes" 3. Jahrhundert

Zu York, im unwirtlichen Norden Englands, liegt ein alter Mann im Sterben. Es ist das Jahr 211 n. Chr., der Sterbende ist Septimius Severus, Imperator Augustus, Pontifex Maximus, Herr über den größten Teil der bekannten Welt, von der Irischen See bis zum Tigris, von Mauretanien bis zur Krim. Als er fühlt, dass seine Kräfte ihn verlassen, ruft er seine beiden Söhne zu sich. Sein letzter Rat an die Brüder lautet: „Seid einig, bereichert die Soldaten und verachtet alle anderen!"[41]

Der severische Prinzipat

Der dies sagte, musste es wissen – selbst wenn die Begebenheit vielleicht nur eine (gute) Erfindung des Historiographen Cassius Dio ist. Septimius Severus, gebürtig aus dem nordafrikanischen Lepcis Magna, war durch Soldaten an die Macht gekommen. Soldaten hatten ihn bis zu seinem Herrschaftsantritt begleitet und Soldaten säumten seinen Weg als Kaiser. Als Commodus, der überforderte Sohn des großen Marcus Aurelius, am Silvesterabend des Jahres 192 einer Verschwörung zum Opfer fiel, stürzte der Kaisermord den Prinzipat in seine bis dahin schwerste Krise: Fünf Kaiserakklamationen brachten rivalisierende Prätendenten in unterschiedlichen Teilen des Reiches gegeneinander in Stellung, eine Serie von Bürgerkriegen erschütterte das Imperium. Aus ihnen ging der Kandidat mit der größten militärischen Erfahrung und dem längsten Atem als Sieger hervor, eben Septimius Severus. 195 gehorchten alle Provinzen seinem Kommando.

Wie sehr sich das römische Kaisertum inzwischen von seinem Ausgangspunkt, dem augusteischen Prinzipat, entfernt hatte, illustriert am besten ein Text, der paradoxerweise just die Zeit des Augustus zum Gegenstand hat. Verfasser ist wiederum Cassius Dio, der bithynische Senator und Historiker. Er legt Maecenas als Ratgeber des Augustus die Worte in den Mund: „Das aber wäre ehrenhaft und zweckmäßig für dich wie für das Gemeinwesen: dass du selbst, in Absprache mit den fähigsten Män-

41 Cassius Dio LXXVII. 15, 2.

nern, die geeigneten Gesetze verfügst, ohne jede Möglichkeit von Widerstand oder Kritik seitens der Massen; dass du und deine Ratgeber Krieg führen nach deinem eigenen Belieben und alle übrigen Bürger deinen Befehlen unverzüglich gehorchen; dass die Auswahl der Amtsträger dir und deinen Beratern obliegt; und dass du mit ihnen Ehren und Strafen festsetzt."[42] Eine solch offene, absolute Machtfülle, wie ihr hier das Wort geredet wird, widersprach den Grundgedanken der von Augustus errichteten Ordnung, welche die Autokratie noch hinter kunstvollen Schleiern verborgen und unbeirrt an der Fiktion vom *princeps* („ersten Mann") festgehalten hatte, der niemanden an Amtsbefugnis (*potestas*), aber alle an Autorität (*auctoritas*) überragte und der Idee nach Standesgenosse der Senatoren war (*Res Gestae* 34).

Zur Realität aber geworden war die unverhüllte autokratische Machtvollkommenheit des Kaisertums unter den Severern. Der Kaiser war zum alleinigen Kraft- und Gravitationszentrum des Reiches geworden, aber das Kaisertum krankte wie zu Zeiten des Augustus an einem elementaren Defizit: dem Fehlen jeder legitimatorischen Verankerung. Es gab keine Investitur, keine Insignien und nur ein unterentwickeltes dynastisches Prinzip, das den Herrschaftsanspruch des regierenden Kaisers untermauerte. Faktisch war Severus, wie alle Kaiser vor ihm, ein Militärdiktator, dessen Macht auf den Legionen beruhte, über die er gebot. Der noch immer außerordentliche Charakter der Monarchie zwang auch ihn dazu, Kompromisse mit den alten Eliten, dem Senatorenstand, zu schließen. Freilich hatten die Senatoren seit Augustus massiv an Boden verloren, während das Militär immer wichtiger geworden war. Mehr noch als seinen Vorgängern, die ein Reich regiert hatten, dem an seinen Grenzen kein gleichwertiger Gegner gegenüberstand, haftete Septimius Severus das Odium des Militärmachthabers an.

Mit dem ersten Severer brach an, was man Roms „langes" 3. Jahrhundert nennen könnte: Es reichte im Prinzip bis zum endgültigen Scheitern der Tetrarchie und war ein Zeitalter vielfältiger neuer Herausforderungen und Bedrohungen. Auch wenn mancher heute die Krise als „Erfindung" der zeitgenössischen Literatur hinwegzudisputieren sucht: Das lange 3. Jahrhundert war eine Periode forcierten Wandels und wachsenden Anpassungsdrucks, in der es für das Imperium um Sein oder Nichtsein ging: Seit den Markomannenkriegen (165–174) unter Marcus Aurelius hatte sich Rom wieder militärischen Herausforderungen zu stellen, und wenige Jahrzehnte nach dem Tod des Severus war aus dem *imperium sine fine* (Vergil) eine belagerte Festung, aus der soliden Prinzipatsordnung ein Zankapfel rivalisierender Prätendenten geworden. Wie hatte es dazu kommen können?

42 Ebd., LII. 15, 1 f.

Neue Herausforderungen in Ost und West

Die Stabilität der Prinzipatsordnung war im 1. und 2. nachchristlichen Jahrhundert maßgeblich dem Umstand zu verdanken gewesen, dass Rom gleichwertige Gegner an seinen Außengrenzen nicht hatte. Aus der Sahara drangen periodisch Nomaden in die nordafrikanischen Provinzen vor, aber sie zurückzudrängen, war den dortigen Garnisonen ein Leichtes. Auch das Barbaricum jenseits der befestigten Grenzen in Britannien (Hadrian's Wall) und Germanien (rätisch-germanischer Limes) sowie im Donauraum war von fragmentierten, zu koordiniertem militärischem Vorgehen kaum fähigen Stämmen bevölkert, von denen massive Vorstöße auf römisches Gebiet nicht zu befürchten waren. Die Varus-Schlacht (9 n. Chr.) hatte bewiesen, dass der Raum jenseits von Rhein und Donau ein potenzieller Gefahrenherd war, aber die nachfolgenden Ereignisse hatten auch gezeigt, wie fragil eine die einzelnen tribalen Gruppen übergreifende Organisation noch war. Roms einziger Gegner, der selbst über eine komplexe staatliche Organisation verfügte, war das Partherreich der Arsakiden, das, so wie Rom im Westen Nachfolgestaat der hellenistischen Monarchien war, im Osten deren Erbschaft angetreten hatte.

Das Partherreich war ein unbequemer Gegner, der 54 v. Chr. dem Triumvirn Crassus und seinem Heer eine vernichtende Niederlage beigebracht hatte, die im kollektiven Gedächtnis der Römer haften blieb. Die flexible, dem unwirtlichen Naturraum Mesopotamiens angepasste Herrschaftsstruktur der Parther, deren „Naher Westen" in autonome Territorien unter lokalen, fast immer loyalen Dynastien aufgeteilt war, erschwerte es den Römern, dauerhafte Erfolge zu erringen, trotz wiederholter eindrucksvoller militärischer Siege. Dennoch hatten drei große Kriege im 2. Jahrhundert n. Chr. – der groß angelegte, wiewohl kurzlebige Vorstoß Trajans bis zum Persischen Golf (114–117), der Partherkrieg des Lucius Verus (163–166), der Rom in den Besitz des größten Teils Obermesopotamiens gebracht hatte, und schließlich der in zwei massiven Vorstößen vorgetragene Partherkrieg des Septimius Severus (194–198) – das Partherreich regelrecht sturmreif geschossen. Roms Schicksal war, dass der Sturm von Osten und nicht von Westen kam.

Am 28. April 224 erlitt der Arsakide Artabanos, einer von zwei rivalisierenden Herrschern des Partherreichs, eine vernichtende Niederlage gegen Ardaschir, einen lokalen Dynasten obskurer Herkunft aus der Persis. Binnen dreier Jahre setzte sich Ardaschir im gesamten Reich durch und leitete die Dynamik der inneren Expansion sogleich nach außen um. Roms orientalische Nemesis für die nächsten 400 Jahre betrat die Bühne der Weltgeschichte: das Sasanidenreich. Als Erste bekamen den Druck Roms östliche Vorposten an Euphrat und Tigris zu spüren. Sasanidische Angriffe brandeten gegen die Mauern von Hatra, Singara und Nisibis, zunächst erfolglos. Noch Ardaschir eroberte im letzten Jahr seiner Herrschaft aber schließlich Hatra, das Tor zum römischen Mesopotamien. Sein Sohn Schapur stieß in drei Romkriegen (242–244; 251-ca. 256; 260) bis ans Mittelmeer vor und zog plündernd durch die römischen Orientprovinzen. Bei Karrhai in Mesopotamien errang Schapur einen triumphalen Sieg über Kaiser Valerian, den er gefangen nahm (260). Der römische Osten war zum Machtvakuum geworden.

Die römischen Kaiser hätten weitaus mehr Möglichkeiten gehabt, der persischen Expansion Einhalt zu gebieten, hätten sich nicht gleichzeitig auch die westlichen Reichsgrenzen in Einfallstore für immer neue Wellen germanischer Invasoren verwandelt, welche die Grenzgarnisonen überrannten oder umgingen und plündernd durchs Hinterland zogen, sich an unbefestigten Städten der Rhein- und Donauprovinzen schadlos haltend. Während im Osten Schapur über die Städte Syriens herfiel, strömten an der Donau Goten und Karpen unter Kniva über den Fluss (Januar 250) und machten Pannonien, Dakien, Moesien, Thrakien und Griechenland unsicher. Sie schlossen zwei regionale römische Oberbefehlshaber in ihren Residenzen ein und brachten Kaiser Decius (249–251) bei Beroia in Thrakien eine schwere Niederlage bei. Decius selbst entkam denkbar knapp. Der Kaiser versuchte, die nun beutebeladen über die Donau zurückflutenden Goten in der Dobrudscha (Provinz *Moesia inferior*) zu stellen, siegte auch, kam aber bei einem Verfolgungsgefecht ums Leben. Dem spätantiken Bericht des Zosimus zufolge, der aber nur bedingt glaubwürdig ist, soll er mit seinem ganzen Heer im Sumpf versackt sein.

Der Vorstoß des Kniva war nur einer in einer ganzen Serie von Barbareneinfällen, welche die Rhein- und Donaugrenze seit 237/8 regelrecht perforierten. In jenem Jahr tauchten die ersten Goten, von den Römern noch für Skythen gehalten, unweit der Donaumündung auf. Gewalt und Durchschlagkraft der Unternehmungen sind erklärungsbedürftig: Wie konnten die notorisch zerstrittenen germanischen Stämme so viel expansive Energie entwickeln? Die Antwort liegt in der inneren Struktur der Stammesgesellschaft nördlich der Alpen, die bereits seit dem 1. Jahrhundert v. Chr. von einer geradezu revolutionären Dynamik erfasst worden war. Die traditionellen, ortsfesten tribalen Kleingruppen, die sich um einen Stammeskönig (*thiudans*) scharten, waren allmählich einem völlig neuen Typus von Stamm gewichen, der sich durch Größe, Flexibilität und Mobilität auszeichnete: die *gens*, wie sie bei den antiken Autoren hieß. Der wandernde Stamm war als Gefolgschaftsgruppe organisiert, deren Kern ein charismatischer Heerkönig (*kuning* bei den Westgermanen, *reiks* bei den Goten) bildete. Ob jemand Gote, Alamanne, Franke, Vandale, Burgunder, ja selbst Hunne oder Alane war, hing, prägnant gesprochen, ganz wesentlich davon ab, welchem Heerkönig er jeweils folgte. Ein Prototyp des neuen charismatischen Königtums, das zum Kristallisationskern ganzer Völker wurde, war jener Kniva, der 251 Decius in einen Hinterhalt lockte und nach dessen Tod die gotisch-karpische Stammeskonföderation sofort wieder zerfiel.

Im Perserreich der Sasaniden und in den neuen germanischen Stammeskonföderationen erwuchsen den Römern Feinde, die sie an zwei Fronten zugleich bedrohten und mehr als einmal den Bestand des Reiches infrage stellten. Paradoxerweise verdankten beide ihren Aufstieg der römischen Expansion, die sich in dialektischer Fernwirkung gegen das Imperium selbst wendete: Die Sasaniden füllten lediglich das Machtvakuum, in das römische Angriffskriege das Partherreich verwandelt hatten, und das neue germanische Heerkönigtum wäre ohne den permanenten osmotischen Austausch zwischen dies- und jenseits des Limes undenkbar gewesen: Römische Kaufleute lieferten Prestigegüter zur elitären Selbstdarstellung, römische Offiziere drillten germanische Soldaten im Reichsdienst wie Arminius, römische Feldherren und Diplomaten säten Zwietracht unter den Stämmen und unterminierten so deren traditionelles Königtum. Im Ergebnis erntete Rom im 3. Jahrhundert die Früchte der eigenen expansiven Politik seit Caesars Gallischem Krieg.

Eine komplexe Krise

Die Parameter des Prinzipats hatten sich damit grundlegend verändert. Die Tage der Schönwettermonarchie augusteischer Prägung und ihrer exzeptionellen Rahmenbedingungen waren unter Severus Alexander, dem Großneffen des Septimius Severus, endgültig gezählt, als Ardaschirs Perser zu den ersten Schlägen gegen römische Garnisonen in Mesopotamien ausholten und zugleich (233 n. Chr.) germanische Stämme über den Rhein fluteten. Im faktischen Zweifrontenkrieg erwiesen sich sogleich die Schwächen im System: Sieghaftigkeit, das Lebenselixier des römischen Kaisers, konnte Alexander nur erfolgreich reklamieren, wenn er selbst auf dem Kriegsschauplatz präsent war. Im Zeichen der persischen Bedrohung war er Ardaschir mit dem Schwergewicht seiner Legionen in den Osten entgegengezogen. Kaum nach Rom zurückgekehrt, musste er an die entblößte Rheingrenze eilen. Der noch jugendliche Kaiser geriet rasch in eine *no-win*-Situation: Schon auf dem persischen Kriegsschauplatz war seine militärische Führung auf Kritik bei den professionellen Militärs gestoßen, am Rhein entledigten sie sich seiner durch Mord und hoben einen der Ihren auf den Schild: den Thraker Maximinus (235 n. Chr.). Ein Präzedenzfall war geschaffen: Die meisten Kaiser in den folgenden 50 Jahren hatten ihre Laufbahn als Karrieresoldaten begonnen, das Zeitalter der „Soldatenkaiser“ war angebrochen.

Die durchschnittliche Lebenserwartung dieser Heerführer im Purpur war bestürzend kurz. Militärischer Ruhm, auf diesem oder jenem Schlachtfeld erworben, qualifizierte zur erfolgreichen Usurpation, verblasste aber rapide, sobald der frischgebackene Kaiser mit der deprimierenden Gesamtsituation an Roms Grenzen insgesamt konfrontiert war. Einem Kaiser allein war es unmöglich, alle Untertanen und Heere an den verschiedenen Brennpunkten zugleich die geforderte Kaisernähe spüren zu lassen. Wo immer der Kaiser Präsenz zeigt, er musste einem anderen Kriegsschauplatz den Rücken kehren. Von hier nahm dann, nach der dem Akzeptanzsystem inhärenten Logik, unfehlbar das Verhängnis seinen Lauf, die nächste Usurpation ihren Ausgang. Die *militärische Krise* des Reiches mündete deshalb unmittelbar in eine *politische Krise* des Prinzipats, genauer: Sie machte eine latente Krise virulent. Den permantenten Krieg an Roms Außengrenzen begleitete ein praktisch permanenter Bürgerkrieg der Amtsinhaber gegen oft mehrere Usurpatoren zugleich.

Krieg aber kostete Geld, viel Geld. Soldaten mussten ausgerüstet, ernährt, bezahlt, untergebracht werden, und für alles hatte der Fiskus aufzukommen. Nicht erleichtert wurde die Situation der Staatsfinanzen dadurch, dass die Kaiser angesichts der angespannten politischen Lage gezwungen waren, sich die Loyalität ihrer Soldaten zu erkaufen: „Bereichert die Soldaten!" – der Rat des greisen Septimius Severus bezog von hier seinen Sinn. Zugleich versiegten wichtige Silberminen in Spanien, weitere in Dakien (Rumänien) gingen mit Aufgabe der Provinz durch Aurelian (270–275 n. Chr.) verloren. Die Kaiser behalfen sich damit, dass sie den Feinsilbergehalt ihrer Münzen stetig verringerten, praktisch also immer wertloseres Geld herstellten. So wurde zumindest à la longue das Vertrauen in die Währung untergraben, großräumiger Handelsverkehr kam stellenweise zum Erliegen.

Zwar zeigt die historische Siedlungsforschung, dass es keine flächendeckende Rezession gab: Nordafrika und der Osten erlebten sogar einen regelrechten Boom und selbst in Italien, Spanien und Teilen Galliens behauptete sich das Netzwerk aus Städten und Dörfern erstaunlich gut, das die römische Herrschaft geschaffen hatte. Doch wurden andere Landstriche praktisch entvölkert. Auch dort, wo Wohlstand herrschte, provozierte das Vorgehen der Steuereintreiber den Widerstand der lokalen Bevölkerung: Eine Revolte gegen kaiserliche Finanzprokuratoren in Thysdrus bei Karthago wuchs sich sogar zur (schließlich erfolgreichen) Usurpation gegen den Kaiser Maximinus Thrax aus (238). Politische und fiskalische Krise bedingten sich somit gegenseitig.

Schließlich stand ein Regime, das zwar immer höhere Abgaben erhob, zugleich aber immer weniger Schutz bieten konnte, unter erheblichem Rechtfertigungsdruck. Namentlich in den stark gebeutelten Grenzprovinzen an Rhein und Donau sowie im Orient verloren das Imperium und seine Repräsentanten rapide an Rückhalt. Widerstand organisierte sich deshalb auf lokaler Ebene, die Bürger schritten zur Selbsthilfe: Die Bürger Athens riefen eine Miliz ins Leben und schlugen über das Meer einfallende Heruler zurück (267/8 n. Chr.), ähnlich erlitt Schapur gegen die lokale Miliz von Emesa, deren Befehlshaber Sampsigeramus prompt zum Kaiser ausgerufen wurde, eine demütigende Niederlage (252/3 n. Chr.). Andernorts resignierten die Menschen: Die Bürger von Antiocheia öffneten dem nahenden Heer Schapurs bereitwillig ihre Tore (wohl 252 n. Chr.). Die Krise war somit auch eine umfassende Legitimationskrise des Reiches, die es in seiner Gesamtheit zur Disposition stellte.

Regionalisierung und Universalisierung

Grundsätzlich boten sich zwei Wege an, den Prinzipat den veränderten Rahmenbedingungen anzupassen. Sie sind weniger als komplementäre, einander ausschließende Alternativen zu denken, sondern gingen teilweise Hand in Hand. Da das entscheidende Problem der empfundene Verlust an Kaisernähe war, war es ein naheliegender Gedanke, militärische Verantwortung zu regionalisieren. Lokal begrenzte Selbstverteidigungsmaßnahmen wie in Emesa und Athen waren eine Variante dieses Weges. Selbstverteidigung in großem Maßstab waren die „Sonderreiche", die sich im Machtvakuum nach Valerians Katastrophe bei Karrhai bildeten und als autonome Herrschaftssphären konstituierten. Bei genauem Hinsehen sind das gallische „Sonderreich" des Postumus und Tetricus (261–273) und sein palmyrenisches Pendant (260–274) allenfalls strukturell vergleichbar: Im Osten sprang Odaenathus von Palmyra, als alles verloren schien, für Rom in die Bresche, schlug Schapur zurück und stand 262/3 vor der persischen Hauptstadt Ktesiphon. Er war von Valerians Sohn Gallienus (253–268) mit einem außerordentlichen Kommando versehen worden und respektierte stets die höhere Autorität des Kaisers. Erst als nach Odaenaths Ermordung seine Witwe Zenobia und sein minderjähriger Sohn dessen Titel und Befugnisse übernommen – nach römischer Lesart: ursurpiert – hatten und Kaiser Aurelian zum Schlag gegen Palmyra ausholte, griff Zenobia in defensiver Offensive zum Purpur.

Hingegen war Postumus, der Statthalter von Obergermanien, von Anfang an als Usurpator aufgetreten, nachdem ihn sein Heer nach einem Sieg über die Franken zum Kaiser ausgerufen hatte. Er war sofort von den spanischen, gallischen und britannischen Statthaltern anerkannt worden, hatte jedoch auf den obligatorischen „Marsch auf Rom" verzichtet und stattdessen seine Machtsphäre nach innen konsolidiert: Mit eigenem Senat und von Postumus ernannten Provinzstatthaltern war die Eigenstaatlichkeit erkennbar über den Tag hinaus angelegt. Im Verhältnis zu Gallienus herrschte ein unausgesprochenes Stillhalteabkommen, an das sich auch der römische Kaiser wenigstens zeitweise hielt. Wie im Osten, so bedeutete die Regionaliserung über „Sonderreiche" auch am Rhein ein Mehr an Effizienz bei der Grenzverteidigung, wie sich kurz nach der Rückgliederung ins Gesamtreich durch Aurelian erweisen sollte: 275 durchbrachen die Alamannen den obergermanischen Limes, zogen plündernd durch das östliche Gallien und zerstörten Augusta Treverorum (Trier). In Obergermanien ergänzte fortan ein tief gestaffeltes Verteidigungssystem mit befestigten Städten den Limes.

Die Alternative zur Regionalisierung durch Selbsthilfe war institutionalisierte Regionaliserung von oben, zunächst durch Schaffung außerordentlicher, mehrere Provinzen umfassender militärischer Kommandos. Sie potenzierten jedoch das Risiko von Usurpationen, indem sie Einzelpersonen erhebliche militärische Macht in die Hand gaben. Außerdem war ein *dux* kein Kaiser, konnte also nicht durch seine schiere Präsenz Heil spenden. Das Nächstliegende war es, die kaiserliche Gewalt selbst zu teilen, ein Weg, den zuerst Valerian beschritt, der seinen Sohn Gallienus zum gleichberechtigten Augustus im Westen machte, während er selbst die Fürsorge für den Osten übernahm. Eine ausgeklügelte Variante der Herrschaftsteilung war die Tetrarchie, in der zwei Augusti (Diokletian und Maximian, seit 284) als Senior- und zwei Caesares (Galerius und Constantius I., seit 293) als Juniorherrscher je einen Reichsteil verwalteten. Zugleich blieb die Reichseinheit gewahrt: Die Herrscher amtierten kollegial, und Gesetze hatten im Gesamtreich Geltungskraft. Die Tetrarchie gewährleistete Kaisernähe dort, wo sie am dringendsten benötigt wurde, und band zugleich potenzielle Usurpatoren in die Reichsspitze ein.

Gleichwohl war auch sie nicht die Quadratur des Kreises. Außer in einer politischen befand sich das Reich eben auch in einer Legitimitätskrise, die tiefer wurzelte und unmittelbar an den Prinzipat als verschleierte Autokratie ohne Elemente klassischer Legitimierung rührten. Das Imperium hatte zu Anfang mit Rom über ein klar definiertes Zentrum verfügt. Mit der sukzessiven Nivellierung der Hierarchie zwischen Zentrum und Peripherie seit dem 1. Jahrhundert n. Chr. hatte Rom seine Sonderrolle verloren: Rom war dort, wo der Kaiser war, kaiserfähig aber war im Prinzip jeder Senator, der ein Heer befehligte. Um dem Missstand, den sie intuitiv erfassten, abzuhelfen, verbanden viele Kaiser des langen 3. Jahrhunderts ihr Heil mit dem eines Gottes: Elagabal (218–222) scheiterte mit dem Versuch, den Gott seiner Heimatstadt Emesa in Rom zu installieren; Aurelian propagierte den bei den Soldaten ungeheuer populären Kult des Sonnengottes (Sol Invictus), dem sich auch Konstantin der Große (307–337) in der ersten Phase seiner Herrschaft verbunden wusste; Decius machte erstmals mit seinem Opferedikt Religion zur Reichsangelegenheit, um das ramponierte Vertrauensverhältnis zwischen dem Imperium und den Göttern zu restaurieren; Diokletian konstruierte seine Tetrarchie als

Porphyrstatue der römischen Tetrarchen in Venedig.

Spiegel olympischer Machtverhältnisse. Sie alle verfolgten ein und dasselbe Ziel: ihre Herrschaft kraft göttlichen Charismas unmittelbar in der Ewigkeit zu verankern. Was angesichts der kurzen Herrschaftsdauer der meisten Soldatenkaiser wie blanke Ironie wirkt, barg tatsächlich das Potenzial, den krisengeschüttelten Prinzipat auf eine neue legitimatorische Grundlage zu stellen und so den Nachweis anzutreten, dass das Imperium eben nicht überflüssig war, sondern nichts weniger als die Manifestation göttlichen Willens im Diesseits.

Freilich verkannten sie, dass der fragmentierten römischen Religion, die im Grunde eine Stadtreligion war und mit der imperialen „Globalisierung" ihres Sinns beraubt war, die obendrein keinerlei ethisches und dogmatisches Gerüst kannte, die Kraft fehlte, kaiserlicher Herrschaft die Dimension von Ewigkeit zu verleihen. So musste Diokletian in seinen letzten Lebensjahren, nach der freiwilligen Abdankung, tatenlos dem Kollaps der Tetrarchie zusehen. Das lange 3. Jahrhundert ging deshalb erst zu Ende, als Konstantin - vorgeblich im Zeichen des Kreuzes - an der Milvischen Brücke über seinen Rivalen Maxentius triumphiert hatte (312). Der christliche Gott gewährte den römischen Kaisern fortan seine Gnade, forderte aber an anderer Stelle hohen Tribut: Die gerade gewonnene Legitimität zerrann Konstantins Nachfolgern, die sich im Gewirr dogmatischer Kontroversen verstrickten, alsbald wieder zwischen den Fingern. Das Imperium schlitterte in seine nächste, im Westen diesmal letale Krise.

Bibliographie

Allgemeine Literatur

Christ, K., *Krise und Untergang der römischen Republik*, Darmstadt ^{2}1984.

Christ, K., *Geschichte der römischen Kaiserzeit von Augustus bis zu Konstantin*, München ^{3}1995.

Dahlheim, W., *Geschichte der römischen Kaiserzeit*, München ^{2}1989.

Dahlheim, W., *Die griechisch-römische Antike* (*Uni-Taschenbücher*), Paderborn 1992.

Gehrke, H.-J., *Kleine Geschichte der Antike*, München 1999.

Heather, P. J., *Invasion der Barbaren. Die Entstehung Europas im ersten Jahrtausend nach Christus*, Stuttgart 2011.

Heuß, A., *Römische Geschichte*, Paderborn ^{6}1998.

Hölscher, U., *Das nächste Fremde. Von Texten der griechischen Frühzeit und ihrem Reflex in der Moderne*, München 1994.

Millar, F., *Das Römische Reich und seine Nachbarn* (*Fischer Weltgeschichte*, Bd. 8), Frankfurt am Main 1966.

Millar, F., *The emperor in the Roman world (31 BC-AD 337)*, Ithaca (N. Y.) 1977.

Mommsen, T., *Römische Geschichte*, Berlin $^{9/5}$1902–04.

Mommsen, T., *Römische Kaisergeschichte*, München 1992.

Sommer, M., *Römische Geschichte II. Rom und sein Imperium in der Kaiserzeit*, Stuttgart 2009.

Sommer, M., *Die römischen Kaiser. Herrschaft und Alltag*, Mainz 2010.

Sommer, M., 'Empire of glory. Weberian categories and the complexities of authority in imperial Rome', *Max Weber Studies* (2011), S. 155–191.

Weber, M., 'Die drei reinen Typen der legitimen Herrschaft', in: *Weltgeschichtliche Analysen, Politik*, Stuttgart 1956, S. 151–166.

Weber, M., *Wirtschaft und Gesellschaft. Grundriß der verstehenden Soziologie*, Frankfurt am Main 2005.

I. Wie Frösche um einen Teich

Adams, R. M., 'Anthropological perspectives on ancient trade', *Current Anthropology* 15 (1974), S. 239–249.

Finley, M. I., *The Bücher-Meyer-controversy*, New York 1979.

Finley, M. I., *Die antike Wirtschaft* (*dtv*), München ^{3}1993.

Geiss, I., 'The intercontinental long-distance trade. A preliminary survey', *Itinerario* 10 (1986), S. 33–51.

Goedicke, H., *The report of Wenamun*, Baltimore 1975.

Kloft, H., Die Wirtschaft der griechisch-römischen Welt. Eine Einführung, Darmstadt 1992.

Kloft, H., 'Trimalchio als Ökonom. Bemerkungen zur Rolle der Wirtschaft in Petrons Satyricon', in: R. Günther und S. Rebenich (Hg.), *E fontibus haurire. Beiträge zur römischen Geschichte und zu ihren Hilfswissenschaften (Heinrich Chantraine zum 65. Geburtstag)* (*Studien zur Geschichte und Kultur des Altertums, Neue Folge*, Bd. 1), Paderborn 1994, S. 117–131.

Liverani, M., 'The trade network of Tyre according to Ezek. 27', in: M. Cogan und I. Eph'al (Hg.), *Ah. Assyria* (Festschrift Hayyîm Tadmor), Jerusalem 1991, S. 65–79.

Malkin, I., *'A colonial middle ground. Greek, Etruscan and Local elites in the Bay of Naples', in: C. L. Lyons* und J. K. Papadopoulos (Hg.), *The archaeology of colonialism*, Los Angeles 2002, S. 151–181.

Malkin, I., C. Constantakopoulou und K. Panagopoulou (Hg.), *Greek and Roman networks in the Mediterranean*, London 2009.

Malkin, I., *A small Greek world. Networks in the Ancient Mediterranean* (*Greeks overseas*), New York 2011.

Niemeyer, H. G., 'Zur Einführung. Frühformen der Globalisierung im Mittelmeerraum', in: K. J. Hopt, E. Kantzenbach und T. Straubhaar (Hg.), *Herausforderungen der Globalisierung*, Göttingen 2003, S. 47–55.

Oliver, G. J., *War, food, and politics in early Hellenistic Athens*, New York 2007.

Polanyi, K., *Ökonomie und Gesellschaft*, Frankfurt am Main 1979.

Schipper, B. U., *Die Erzählung des Wenamun. Ein Literaturwerk im Spannungsfeld von Politik, Geschichte und Religion*, Fribourg 2005.

Schulz, R., *Die Antike und das Meer*, Darmstadt 2005.

Sommer, M., 'Homo Mercator. Handelsvölker und interkulturelle Netzwerke zwischen Orient und Okzident', in: R. Rollinger et al. (Hg.), *Interkulturalität in der Alten Welt. Vorderasien, Hellas, Ägypten und die vielfältigen Ebenen des Kontakts*, Wiesbaden 2010, S. 1–12.

Sommer, M., 'Trans-Saharan long-distance trade and the Helleno-Punic Mediterranean: new perspectives on old texts', in: A. Dowler (Hg.), *North Africa and the Mediterranean in antiquity*, London 2011.

Sommer, M., 'OIKOYMENH. Longue durée perspectives on ancient Mediterranean 'globality' (800 BC-AD 200)', in: M. Pitts und M. J. Versluys (Hg.), *Globalisation and the Roman world. Perspectives and opportunities*, Cambridge 2012, im Druck.

II. Jenseits von Hellas und Rom

Aubet, M. E., The Phoenicians and the West. Politics, colonies and trade, Cambridge ²2001.

Krings, V. (Hg.), *La civilisation phénicienne et punique. Manuel de recherche*, Leiden 1995.

Lipinski, E. (Hg.), *Dictionnaire de la civilisation phénicienne et punique*, Turnhout 1992.

Malkin, I., 'Herakles and Melqart. Greeks and Phoenicians in the Middle Ground', in: E. S. Gruen (Hg.), *Cultural borrowings and ethnic appropriations in antiquity* (*Oriens et Occidens*, Bd. 8), Stuttgart 2005, S. 238–258.

Markoe, G. E., *Die Phönizier*, Darmstadt 2003.

Moscati, S. (Hg.), *Die Phönizier*, Hamburg 1988.

Moscati, S., *Chi furono i fenici*, Torino 1992.

Muhly, J. D., 'Homer and the Phoenicians. The relations between Greece and the Near East in the late Bronze and early Iron Age', *Berytus* 19 (1970), S. 19–64.

Niemeyer, H. G., 'The Phoenicians in the Mediterranean. A non-Greek model for expansion and settlement in Antiquity', in: J.-P. Descoeudres (Hg.), *Greek colonists and native populations. Proceedings of the First Australian Congress of Classical Archaeology held in honour of Emeritus Professor A. D. Trendall, Sydney 9–14 July 1985*, Canberra 1990, S. 469–489.

Sommer, M., *Die Phönizier. Handelsherren zwischen Orient und Okzident*, Stuttgart 2005.
Sommer, M., *Die Phönizier. Geschichte und Kultur*, München 2008.
Sommer, M., 'Shaping Mediterranean economy and trade. Phoenician cultural identities in the Iron Age', in: S. Hales und T. Hodos (Hg.), *Material Culture and Social Identities in the Ancient World*, Cambridge 2009, S. 114–137.
Teixidor, J., M. Gras und P. Rouillard, *L' univers Phénicien*, Paris 1989.
Winter, I. J., 'Homer's Phoenicians. History, ethnography, or literary tope?', in: J. B. Carter und S. P. Morris (Hg.), *The ages of Homer. A tribute to Emily Townsend Vermeule*, Austin 1995, S. 247–271.

III. Sohn des Stiers

Droysen, J. G., *Geschichte der Epigonen*, Gotha ²1877.
Errington, R. M., *A history of the Hellenistic world, 323–30 BC*, Oxford 2008.
Gehrke, H.-J., 'Der siegreiche König. Überlegungen zur hellenistischen Monarchie', *Archiv für Kulturgeschichte* 64 (1982), S. 247–277.
Gehrke, H.-J., *Geschichte des Hellenismus*, München ²1995.
Hansen, E. V., *The Attalids of Pergamon* (*Cornell studies in classical philology*, Bd. 36), Ithaca ²1971.
Koehn, C., *Krieg – Diplomatie – Ideologie. Zur Außenpolitik hellenistischer Mittelstaaten* (*Historia Einzelschriften*, Bd. 195), Stuttgart 2007.
Marek, C., *Geschichte Kleinasiens in der Antike*, München 2010.
Meißner, B., *Hellenismus*, Darmstadt 2007.
Radt, W. und E. Steiner, *Pergamon. Geschichte und Bauten einer antiken Metropole*, Darmstadt 2011.
Shipley, G., *The Greek world after Alexander. 323–30 BC*, London 2000.
Walbank, F. W., *Die hellenistische Welt*, München ⁴1994.
Weber, G. (Hg.), *Kulturgeschichte des Hellenismus. Von Alexander dem Großen bis Kleopatra*, Stuttgart 2007.
Zimmermann, M., *Pergamon. Geschichte, Kultur, Archäologie*, München 2011.

IV. Das Erbe der Attaliden

Chaniotis, A., *War in the Hellenistic world. A social and cultural history*, Malden (Mass.) 2005.
Dreyer, B., 'Rom und die griechischen Polisstaaten an der westkleinasiatischen Küste in der zweiten Hälfte des zweiten Jahrhunderts v. Chr. Hegemoniale Herrschaft und lokale Eliten im Zeitalter der Gracchen', in: A. Coşkun (Hg.), *Roms auswärtige Freund in der späten Republik und im frühen Prinzipat* (*Göttinger Forum für Altertumswissenschaft. Beihefte*, Bd. 19), Göttingen 2005, S. 55–74.
Eckstein, A. M., *Mediterranean anarchy, interstate war, and the rise of Rome*, Berkeley 2006.
Eckstein, A. M., *Rome enters the Greek East. From anarchy to hierarchy in the Hellenistic Mediterranean, 230–170 BC*, Oxford 2008.
Gruen, E. S., *The Hellenistic world and the coming of Rome*, Berkeley 1984.

V. Aufstand der Verzweifelten

Bradley, K.R., 'Freedom and slavery', in: W.Scheidel und A.Barchiesi (Hg.), *The Oxford handbook of Roman studies*, Oxford 2010, S.624–636.

Bradley, K.R., 'Resisting slavery at Rome', in: K.R.Bradley und P.Cartledge (Hg.), *The Cambridge world history of slavery* (Bd. 1), Cambridge 2011, S.362–384.

Brodersen, K., *Ich bin Spartacus. Aufstand der Sklaven gegen Rom*, Darmstadt 2010.

De Ste. Croix, G.E.M., *The class struggle in the ancient Greek world from the archaic age to the Arab conquests*, London 1981.

Fields, N. und S.Noon, *Spartacus and the Slave War 73–71 BC. A gladiator rebels against Rome*, Oxford 2009.

Finley, M.I., *Die Sklaverei in der Antike. Geschichte und Probleme*, München 1981.

Foraboschi, D., 'La rivolta di Spartaco', in: G.Clemente, F.Coarelli und E.Gabba (Hg.), *L'impero mediterraneo. 1: La repubblica imperiale* (*Storia di Roma*, Bd.2), Torino 1990, S.715–723.

Guarino, A., *Spartakus. Analyse eines Mythos*, München 1980.

Levi, M.A., 'Euno-Antioco', in: *Philias charin. Miscellanea di Studi Classici in onore di Eugenio Manni*, Roma 1980, S.1345–1361.

Scheidel, W., 'The demography of Roman slavery and manumission', in: M.Bellancourt-Valdher und J.-N.Corvisier (Hg.), *La démographie historique antique*, Arras 1999, S.107–116.

Strauss, B.S., *The Spartacus war*, London 2009.

Urbainczyk, T., *Slave revolts in antiquity*, Stocksfield 2008.

Vogt, J., *Struktur der antiken Sklavenkriege*, Mainz 1957.

Wiedemann, T.E.J., *Greek and Roman slavery*, London ^{2}1992.

Ziegler, K.-H., 'Die Herkunft des Spartacus', *Hermes* 83 (1955), S.248–250.

VI. Crassus

Burckhardt, L., 'Marcus Licinius Crassus – oder: Geld allein macht nicht glücklich', in: K.-J.Hölkeskamp und E.Stein-Hölkeskamp (Hg.), *Von Romulus zu Augustus. Große Gestalten der römischen Republik*, München 2000, S.199–218.

Gabba, E., 'L'età triumvirale', in: G.Clemente, F.Coarelli und E.Gabba (Hg.), *L'impero mediterraneo. 1: La repubblica imperiale* (*Storia di Roma*, Bd.2), Torino 1990, S.795–807.

Gruen, E.S., *The last generation of the Roman Republic*, Berkeley 1995.

Marshall, B.A., *Crassus. A political biography*, Amsterdam 1976.

Ridley, R.T., 'The extraordinary commands of the late Republic. A matter of definition', *Historia* 30 (1981), S.280–297.

VII. Hüter der Macht

Daele, B. v., *Wakend over Rome. Soldaten in de hoofdstad van het Romeinse keizerrijk*, Leuven 2009.

Durry, M., *Les cohortes prétoriennes* (*Bibliothèque des écoles françaises d'Athène et de Rome*, Bd.146), Paris 1938.

Keppie, L.J.F., 'The Praetorian Guard before Sejanus', *Athenaeum* 84 (1996), S.101–123.

Lelli, P., 'Considerazioni sulla guardia pretoria nel primo secolo', *Atene e Roma* 44 (1999), S. 9–13.
Passerini, A., *Le coorti pretorie* (*Studi pubblicati dal R. Istituto italiano per la storia antica*, Bd. 1), Roma 1939.
Sablayrolles, R., 'La rue, le pouvoir et le soldat. La garnison urbaine à Rome d'César à Partinax', *Pallas* 55 (2001), S. 127–154.
Syme, R., 'The Praetorian Guard', in: (Hg.), *Roman papers VI*, Oxford 1939, S. 25–34.

VIII. Der Narr im Purpur

Flaig, E., *Den Kaiser herausfordern. Die Usurpation im Römischen Reich*, Frankfurt am Main 1992.
Flaig, E., 'An den Grenzen des Römerseins. Die Gladiatur aus historisch-anthropologischer Sicht', in: W. Eßbach (Hg.), *wir/ihr/sie. Identität und Alterität in Theorie und Methode* (*Identitäten und Alteritäten*), Würzburg 2000.
Flaig, E., *Ritualisierte Politik. Zeichen, Gesten und Herrschaft im Alten Rom*, Göttingen 2003.
Flaig, E., 'Wie Kaiser Nero die Akzeptanz bei der Plebs urbana verlor. Eine Fallstudie zum politischen Gerücht im Principat', *Historia* 52 (2003), S. 351–372.
Foucault, M., *Wahnsinn und Gesellschaft. Eine Geschichte des Wahns im Zeitalter der Vernunft*, Frankfurt am Main 1969.
Hekster, O., *Commodus. An emperor at the crossroads*, Amsterdam 2002.
Malitz, J., *Nero*, München 1999.
Massie, A., *Caligula*, London 2003.
Quidde, L., *Caligula. Eine Studie über römischen Cäsarenwahnsinn*, Leipzig [25]1894.
Waldherr, G., *Nero. Eine Biografie*, Regensburg 2005.
Winterling, A., 'Hof ohne „Staat". Die aula Caesaris im 1. und 2. Jahrhundert n. Chr.', in: A. Winterling (Hg.), *Zwischen „Haus" und „Staat". Antike Höfe im Vergleich* (*Historische Zeitschrift Beihefte. Neue Folge*, Bd. 23), München 1997, S. 91–112.
Winterling, A., *Aula Caesaris. Studien zur Institutionalisierung des römischen Kaiserhofes in der Zeit von Augustus bis Commodus (31 v. Chr. – 192 n. Chr.)*, München 1999.
Winterling, A., „Staat", „Gesellschaft" und politische Integration in der römischen Kaiserzeit', *Klio* 83 (2001), S. 93–112.
Winterling, A., *Caligula. Eine Biographie*, München 2003.
Winterling, A., *Politics and society in imperial Rome*, Chichester 2009.

IX. Ein Denkmal für den Sieger

Baltrusch, E., *Die Juden und das Römische Reich. Geschichte einer konfliktreichen Beziehung*, Darmstadt 2002.
Bowersock, G. W., 'Syria under Vespasian', *Journal of Roman Studies* 68 (1973), S. 133–140.
Bravi, A., 'Immagini dell'identità giudaica a Roma in epoca flavia. Il Templum Pacis e la menorah sull'Arco di Tito', *Mediterraneo Antico* 9 (2006), S. 449–461.
Bringmann, K., *Geschichte der Juden im Altertum. Vom babylonischen Exil bis zur arabischen Eroberung*, Stuttgart 2005.
Eberhardt, B., 'Wer dient wem? Die Darstellung des Flavischen Triumphzuges auf dem Titusbogen und bei Josephus (BJ 7123–162)', in: J. Sievers und G. Lembi (Hg.), *Jose-*

phus and Jewish history in Flavian Rome and beyond (*Supplements to the Journal for the Study of Judaism*, Bd. 104), Leiden 2005, S. 257–278.

Freyne, S., 'The Revolt from a regional perspective', in: A. M. Berlin und J. A. Overman (Hg.), *The First Jewish Revolt. Archaeology, history, and ideology*, London 2002, S. 43–56.

Goodman, M., *The ruling class of Judaea. The origins of the Jewish revolt against Rome A. D. 66–70*, Cambridge 1987.

Gruen, E. S., *Diaspora. Jews amidst Greeks and Romans*, Cambridge (Mass.) 2002.

Gruen, E. S., 'Roman perspectives on the Jews in the age of the Great Revolt', in: A. M. Berlin und J. A. Overman (Hg.), *The First Jewish Revolt. Archaeology, history, and ideology*, London 2002, S. 27–42.

Levick, B., *Vespasian*, London 1999.

Maier, J., *Geschichte des Judentums im Altertum*, Darmstadt [2]1989.

Morgan, G., *69 A. D. The year of the four emperors*, New York 2006.

Pfanner, M., U. Hess und H. Schwanke, *Der Titusbogen* (*Beiträge zur Erschließung hellenistischer und kaiserzeitlicher Skulptur und Architektur*, Bd. 2), Mainz 1983.

Stemberger, G., 'Die Umformung des palästinischen Judentums nach 70: Der Aufstieg der Rabbinen', in: A. Oppenheimer (Hg.), *Jüdische Geschichte in hellenistisch-römischer Zeit. Vom alten zum neuen Schürer*, München 1999, S. 85–99.

Wellesley, K., *The year of the four emperors*, London [3]2000.

X. Dominus et Deus

Bengtson, H., *Die Flavier. Vespasian, Titus, Domitian. Geschichte eines römischen Kaiserhauses*, München 1979.

Boyle, A. J. und William J. Dominik (Hg.), Flavian Rome. Culture, image, text, Leiden 2003.

Grainger, J. D., *Nerva and the Roman succession crisis of AD 96–99*, London 2003.

Jones, B. W., *Domitian and the senatorial order. A prosopographical study of Domitian's relationship with the Senate, A. D. 81–96*, Philadelphia 1979.

Jones, B. W., *The Emperor Domitian*, London 1992.

Pani, M., 'Il principato dai Flavi ad Adriano', in: A. Schiavone (Hg.), *L'impero mediterraneo. 2: I principi e il mondo* (*Storia di Roma*, Bd. 2), Torino 1991, S. 265–285.

Pfeiffer, S., *Die Zeit der Flavier. Vespasian – Titus – Domitian*, Darmstadt 2009.

Waters, K. H., 'The second dynasty of Rome', *Phoenix* 17 (1963), 3, S. 198–218.

Zanker, P., 'Domitian's palace on the Palatine and the imperial image', in: A. K. Bowman et al. (Hg.), *Representations of empire. Rome and the Mediterranean world* (*Proceedings of the British Academy*, Bd. 114), London 2002, S. 105–130.

XI. Wahnwitziger als Nero, grausamer als Domitian

Arrizabalaga y Prado, L. d., *The Emperor Elagabalus. Fact or fiction?* Cambridge 2010.

Frey, M., *Untersuchungen zur Religion und zur Religionspolitik des Kaisers Elagabal* (*Historia Einzelschriften*, Bd. 62), Stuttgart 1989.

Gaifman, M., 'The aniconic image of the Roman Near East', in: T. Kaizer (Hg.), *Local religions of the Ancient Near East*, Leiden 2008, S. 37–72.

Hay, J. S., *The amazing emperor Heliogabalus*, London 1911.

Icks, M., *The crimes of Elagabalus. The life and legacy of Rome's decadent boy emperor*, London 2011.

Optendrenk, T., *Die Religionspolitik des Kaisers Elagabal im Spiegel der Historia Augusta* (*Habelts Dissertationsdrucke. Reihe Alte Geschichte*, Bd. 6), Bonn 1969.

Pietrzykowski, M., 'Die Religionspolitik des Kaisers Elagabal', *Aufstieg und Niedergang der römischen Welt II* 16, 3 (1986), S. 1806–1825.

Sommer, M., 'Elagabal – Wege zur Konstruktion eines 'schlechten' Kaisers', *Scripta Classica Israelica* 23 (2004), S. 95–110.

Sommer, M., 'The challange of aniconism. Elagabalus and Roman historiography', *Mediterraneo Antico* 11 (2008), S. 581–590.

Turcan, R., *Héliogabale et le sacre du soleil*, Paris 1985.

XII. Rom im Orient

Ball, W., *Rome in the East. The transformation of an empire*, London 2000.

Blömer, M. (Hg.), *Lokale Identität im Römischen Nahen Osten. Kontexte und Perspektiven*, Stuttgart 2009.

Butcher, K., *Roman Syria and the Near East*, London 2003.

Edwell, P. M., *Between Rome and Persia. The middle Euphrates, Mesopotamia and Palmyra under Roman control*, London 2008.

Isaac, B. H., *The limits of empire. The Roman army in the East*, Oxford ^{2}1992.

Isaac, B. H., 'An open frontier', in: *The Near East under Roman rule*, Leiden 1998, S. 403–426.

Kaizer, T. und M. Facella (Hg.), *Kingdoms and principalities in the Roman Near East* (*Oriens et occidens*, Bd. 19), Stuttgart 2010.

Lepper, F. A., *Trajan's Parthian war*, London 1948.

Millar, F., *The Roman Near East. 31 BC – AD 337*, Cambridge (Mass.) 1993.

Potter, D. S., *Prophecy and history in the crisis of the Roman empire. A historical commentary on the thirteenth Sibylline Oracle*, Oxford 1990.

Rey-Coquais, J.-P., 'Syrie romaine, de Pompée à Diocletien', *Journal of Roman Studies* 68 (1978), S. 44–73.

Sartre, M., *Le Haut-Empire romain. Les provinces de Méditerranée orientale d'Auguste aux Sévères, 31 av. J.-C. – 235 apr. J.-C.* (*Nouvelle histoire de l'Antiquité*, Bd. 9), Paris 1997.

Sartre, M., *D'Alexandre à Zénobie. Histoire du Levant antique. IVe siècle avant J.-C. – IIIe siècle après J.-C*, (Paris) 2001.

Segal, A., *From function to monument. Urban landscapes of Roman Palestine, Syria and Provincia Arabia*, Oxford 1997.

Sommer, M., Roms orientalische Steppengrenze (Oriens et Occidens, Bd. 9), Stuttgart 2005.

Sommer, M., *Der römische Orient. Zwischen Mittelmeer und Tigris*, Darmstadt 2006.

XIII. Schwerter und Pflugscharen

Dreyer, B., *Arminius und der Untergang des Varus. Warum die Germanen keine Römer wurden*, Stuttgart 2009.

Goldsworthy, A. K., *The complete Roman army*, London 2003.

Keppie, L. J. F., *The making of the Roman army. From republic to empire*, London 1998.

Keppie, L. J. F., *Legions and veterans. Roman army papers 1971–2000* (*Mavors Roman army researches*, Bd. 12), Stuttgart 2000.

Kühlborn, J.-S. und D. Bérenger, *Germaniam pacavi. Archäologische Stätten augusteischer Okkupation*, Münster 1995.

Le Bohec, Y., *Die römische Armee. Von Augustus zu Konstantin d. Gr.*, Stuttgart 1993.
Sommer, M., *Die Arminiusschlacht. Spurensuche im Teutoburger Wald*, Stuttgart 2009.

XIV. Ritt auf dem Löwen

al-As'ad, K. und A. Schmidt-Colinet, 'Kulturbegegnung im Grenzbereich', in: A. Schmidt-Colinet (Hg.), *Palmyra. Kulturbegegnung im Grenzbereich*, Mainz ^{3}2005, S. 36–63.
Gawlikowski, M., 'Palmyre et l'Euphrate', *Syria* 60 (1983), S. 53–68.
Gawlikowski, M., 'Palmyra as a trading centre', *Iraq* 56 (1994), S. 27–33.
Gawlikowski, M., 'Palmyra. From a tribal federation to a city', in: K. S. Freyberger, A. Henning und H. v. Hesberg (Hg.), *Kulturkonflikte im Vorderen Orient an der Wende vom Hellenismus zur römischen Kaiserzeit* (*Orient-Archäologie*, Bd. 11), Rahden/Westfalen 2003, S. 7–10.
Hartmann, U., *Das palmyrenische Teilreich* (*Oriens et Occidens*, Bd. 2), Stuttgart 2001.
Kaizer, T., 'Odaentathus von Palmyra. Römischer Orient, 267/68', in: M. Sommer (Hg.): Politische Morde. Vom Altertum bis zur Gegenwart, Darmstadt 2005, S. 73–79.
Kaizer, T., *The religious life of Palmyra. A study of the social patterns of worship in the Roman period*, Stuttgart 2002.
Sartre, M., 'Palmyre, cité grecque', *Annales Archéologiques Arabes Syriennes* 43 (1996), S. 385–405.
Sommer, M. (Hg.), *Politische Morde. Vom Altertum bis zur Gegenwart*, Darmstadt 2005, S. 73–79.
Sommer, M., 'Palmyra and Hatra. „Civic" and „tribal" institutions at the Near Eastern steppe frontier', in: E. S. Gruen (Hg.), *Cultural borrowings and ethnic appropriations in antiquity* (*Oriens et Occidens*, Bd. 8), Stuttgart 2005, S. 285–296.
Sommer, M., 'Der Löwe von Tadmor. Palmyra und der unwahrscheinliche Aufstieg des Septimius Odaenathus', *Historische Zeitschrift* 287 (2008), S. 281–318.
Teixidor, J., *Un port romain du désert, Palmyre, et son commerce d'Auguste à Caracalla* (*Semitica*, Bd. 34), Paris 1984.
Will, E., *Les Palmyréniens. La Venise des sables (Ier siècle avant – IIIème après J.-C.), Paris 1992.*
Yon, J.-B., *Les notables de Palmyre*, Beyrouth 2002.
Yon, J.-B., 'L'identité civique et ethnique de Palmyre', in: K. S. Freyberger, A. Henning und H. v. Hesberg (Hg.), *Kulturkonflikte im Vorderen Orient an der Wende vom Hellenismus zur römischen Kaiserzeit* (*Orient-Archäologie*, Bd. 11), Rahden/Westfalen 2003, S. 11–18.

XV. Ein Imperium steht zur Disposition

Alföldi, A., *Studien zur Geschichte der Weltkrise des 3. Jahrhunderts nach Christus*, Darmstadt 1967.
Alföldy, G., 'Historisches Bewußtsein während der Krise des 3. Jahrhunderts', in: G. Alföldy und K.-W. Welwei (Hg.), *Krisen in der Antike. Bewußtsein und Bewältigung*, Düsseldorf 1975, S. 112–132.
Altheim, F., *Die Soldatenkaiser*, Frankfurt am Main 1939.
Bowman, A. K., P. Garnsey und A. Cameron (Hg.), *The crisis of Empire. A. D. 193–337* (*The Cambridge Ancient History*, Bd. 12), Cambridge ^{2}2005.
Christol, M., *L' empire romain du IIIe siècle. Histoire politique (de 192, mort de Commode, à 325, concile de Nicée)*, Paris ^{2}1997.

Drinkwater, J. F., *The Gallic Empire. Separatism and continuity in the north-western provinces of the Roman Empire. A. D. 260–274*, Stuttgart 1987.

Hekster, O., *Rome and its Empire. AD 193–284*, Edinburgh 2008.

Johne, K.-P. (Hg.), *Deleto paene imperio Romano. Transformationsprozesse des Römischen Reiches im 3. Jahrhundert und ihre Rezeption in der Neuzeit*, Stuttgart 2006.

Johne, K.-P., *Die Zeit der Soldatenkaiser. Krise und Transformation des Römischen Reiches im 3. Jahrhundert n. Chr. (235–284)*, Berlin 2008.

Körner, C., *Philippus Arabs. Ein Soldatenkaiser in der Tradition des antoninisch-severischen Prinzipats*, Berlin 2002.

Kuhn-Chen, B., *Geschichtskonzeptionen griechischer Historiker im 2. und 3. Jahrhundert n. Chr. Untersuchungen zu den Werken von Appian, Cassius Dio und Herodian*, Frankfurt am Main 2002.

Leppin, H., 'Old religions transformed. Religions and religious policies from Decius to Constantine', in: J. Rüpke (Hg.), *A companion to Roman religion*, Oxford 2007, S. 98–108.

Lewit, T., *Agricultural production in the Roman economy, A. D. 200–400* (*BAR. International series*, Bd. 568), Oxford 1991.

Lo Cascio, E., 'Fra equilibrio e crisi', in: G. Clemente, F. Coarelli und E. Gabba (Hg.), *L'impero mediterraneo. 2: I principi e il mondo* (*Storia di Roma*, Bd. 2), Torino 1991, S. 701–731.

Lo Cascio, E., 'The government and administration of the Empire in the central decades of the third century', in: A. K. Bowman, P. Garnsey und A. Cameron (Hg.), *The crisis of empire. A. D. 193–337* (*Cambridge Ancient History*, Bd. 12), Cambridge ²2005, S. 156–169.

Loriot, X., 'Les premières années de la grande crise du IIIᵉ siècle. De l'avènement de Maximin le Thrace (235) à la mort de Gordien III (244)', *Aufstieg und Niedergang der römischen Welt II* 2 (1975), S. 657–787.

Potter, D. S., *The Roman Empire at bay. AD 180–395*, London 2004.

Sommer, M., *Die Soldatenkaiser*, Darmstadt 2004.

Strobel, K., *Das Imperium Romanum im „3. Jahrhundert". Modell einer historischen Krise? Zur Frage mentaler Strukturen breiterer Bevölkerungsschichten in der Zeit von Marc Aurel bis zum Ausgang des 3. Jh. n. Chr.*, Stuttgart 1993.

Strobel, K., 'Strategy and army structure between Septimius Severus and Constantine the Great', in: P. Erdkamp (Hg.), *A companion to the Roman army*, Oxford 2007, S. 267–285.

Watson, A., *Aurelian and the third century*, London 1999.

Abbildungsnachweis

Akg-Images: S. 42, 57, 71 (Erich Lessing), 89 (Erich Lessing); Picture-alliance: S. 121 (Bildagentur Huber), 129 (Kyodo/MAXPPP); Leon Mauldin: S. 93; WBG-Archiv: S. 2, 35 (Hartmut Riehm), 45 (Jean-Christophe Benoist), 65, 79, 104, 144 (Nino Barbieri); Peter Palm: S. 17, 113.

Personenregister

Ortsregister